PROF. DR. ERNST JOSEPH GÖRLICH

Der Wundermönch vom Libanon

Das Leben des Heiligen Scharbel Machluf

Nachwort von P. Gerhard Hermes

CHRISTIANA-VERLAG
STEIN AM RHEIN

Mit kirchlicher Druckerlaubnis vom 5. November 1971

Photonachweis:
Libanesische Gesandtschaft: 49, 50, 51, 53, 56, 58
Photo CIRIC, Genf: 2, 52, 54
Père Paul Daher, Supérieur de Saint Maron d'Annaya, Tombe du Saint Charbel, Annaya-Jebeil/Libanon: 55, 57, 59, 60, 61, 62, 63, 64

Bild auf Seite 137:
Mosaik in der Kathedrale von Beirut: Unsere Liebe Frau von der Weisheit, zu ihren Füßen Heilige der Maronitischen Kirche; zu diesen drei Heiligen gesellt sich jetzt noch der Heilige Scharbel Machluf.

Adresse des Grabes und Wallfahrtszentrums des Heiligen Scharbel Machluf: The Tomb of the Saint Sharbel, Monastery of St. Maroun, Annaya-Jebeil/Libanon

1. Auflage 1971: 1.– 5. Tausend
2. Auflage 1974: 6.–10. Tausend
3. Auflage 1979: 11.–15. Tausend
4. Auflage 1991: 16.–20. Tausend

Druck: Bargezzi AG, Bern
Printed in Switzerland

CIP-Titelaufnahme der Deutschen Bibliothek
Der Wundermönch vom Libanon:
Görlich, Ernst Joseph:
Der Wundermönch vom Libanon: das Leben des Heiligen Scharbel Machluf / Ernst Joseph Görlich. Nachw. von Gerhard Hermes. – 4. Aufl., 16.–20. Tsd. – Stein am Rhein: Christiana-Verl., 1991.
ISBN 3-7171-0484-5

Görlich – Der Wundermönch vom Libanon

Was viele Menschen damals schon ahnten, heute sehen wir es mit größerer Gewißheit: P. Scharbel und seine Erhebung zur Ehre der Altäre ist wirklich ein Leuchtfeuer, aufgestellt und aufblitzend da, wo das Schiff der Kirche in Gefahr ist, Kurs auf «das große Babylon» (Offb 17,5) zu nehmen. An seiner Gestalt ist alles gerade, streng, lauter, ohne jeden Abstrich am Ideal der Vollkommenheit. Der Mönch, dessen Lieblingsbuch – nach der Hl. Schrift versteht sich – die «Nachfolge Christi» war, begriff und erfüllte den Anruf des Herrn «Folge du mir nach!» (Joh 21, 22) in einem so radikalen und erschöpfenden Ernst, daß jeder Zweifel an der Durchführbarkeit gewisser Forderungen des Evangeliums verstummen muß. Die Nachfolge erzwang bei ihm eine so völlige Losschälung von der Welt, ja von elementaren Bedürfnissen des Leibes, des Gemütes, des Ich, daß bei genauem Zusehen unsere erste Reaktion keine andere sein kann als ein Erschrecken vor diesem schroffen Urgestein christlichen Wesens, nicht etwa eine natürliche Sympathie, und daß erst recht ein welthöriges Christentum sich verständnis-, ja fassungslos von einem solchen scandalum crucis abwenden muß. Und doch soll dieser gekreuzigte und nun wunderbar «lebendige» Leichnam offenbar wie ein Pfahl im Fleische der «nachkonziliaren» Christenheit haften und in ihrem Gewissen bohren, und darum wohl ist die Selig- und Heiligsprechung erst in diesen Jahren erfolgt.

P. Gerhard Hermes in «Fels» 8/78

VIA·VERITAS·VITA

Ernst Joseph Görlich

INHALTSVERZEICHNIS

Über den Autor und sein Werk

Ernst Joseph Görlich, 1905 in Wien geboren, wurde 1932 Professor am Lehrerseminar in Steinberg/Burgenland, später von den Nazis fristlos entlassen und schwer verfolgt. Von 1945 bis 1968 Professor an der Technischen Lehr- und Versuchsanstalt in Wien. Direktor der Staatlichen Prüfungskommission für das Lehramt des Esperanto in Wien. 1947 Studium der Theologie, 1949 erhielt er die «Missio Canonica».
Verfasser der Landeshymne des österreichischen Bundeslandes Burgenland. Werke: Österreichische Literaturgeschichte Wien, 1946–1948, Kleine Allgemeine Kirchengeschichte (Aschaffenburg, 1962); Die Kirche der Neuzeit (Aschaffenburg, 1963); Die Kirche der Gegenwart (Aschaffenburg, 1961); Kleine Österreichische Kirchengeschichte (Linz, 1968); Karl von Vogelsang, Biographie (Linz, 1968); Geschichte Österreichs (zusammen mit Dr. F. Romanik, Innsbruck, 1970); Grundzüge der Geschichte der Habsburgermonarchie (Darmstadt, 1970). 20 Jugendromane und Laienspiele katholischer Jugend. Festschrift zu seinem 65. Geburtstag. Sein meistgelesenes Buch ist seine Biographie über Kaiser Karl von Österreich «Der letzte Kaiser – ein Heiliger?» (Stein am Rhein, 3. Auflage 1988). Ernst Joseph Görlich war Ritter vom Heiligen Grab, Ehrenbürger der Marktgemeinde Steinberg/Dörfl und Träger des Ehrenzeichens für Kunst und Wissenschaft erster Klasse. Er starb am 4. Oktober 1973 im 68. Lebensjahr und wurde auf dem Friedhof zu Steinberg zur ewigen Ruhe bestattet.

Von Gott ergriffen ...

Im Jahre 1844 hatte ein Hirtenbub namens Jussef Machluf im nördlichen Libanon-Gebirge eine merkwürdige Begegnung, die seinem jungen Leben eine entscheidend neue Richtung gab. Auf sechzehnhundert Meter Höhe, dort, wo die letzten Zedern wachsen, an der sogenannten Baumgrenze, hütete er die Schafe seines Onkels.

Eines Tages tauchte unerwartet ein armer Mönch auf, der außer einem geflickten Habit und einem Stock nichts besaß. In seiner Einsiedelei waren ihm Speis und Trank ausgegangen und Geld besaß er ohnehin keines. «Wohin gehst du, Vater?» fragte Jussef den Einsiedler. Der Mönch begann, ihm von seinem großen Glück zu erzählen, das darin besteht, ganz in Gottes Händen zu sein, nichts zu besitzen als Gottes Gnade, zu Gott zu beten im Bewußtsein, wie ein ganz Armer sicher von Gott erhört zu werden. Ist ein solches Leben nicht schöner als das des Sultans?

Mit wachsender Begeisterung hörte Jussef auf die Worte des Eremiten. Und er sprach zu ihm: «Mein Vater, das ist herrlich für Euch, aber ich bin erst sechzehn Jahre alt. Woher bekäme ich da die Kraft zu einem solchen Leben?»

«Durch das Gebet und durch die Abtötung», erklärte ihm der Mann Gottes. «Du sollst nichts begehren und dein Wunsch sollte es sein, der geringste unter allen zu sein.»

«Aber, mein Vater, ich bin ja nur der Hausbursche meines Onkels.»

«Auch das ist noch zuviel. Ich habe gesehen, wie

du einen Augenblick lang das junge Mädchen angelächelt hast, das dir ein Zicklein brachte.»
Der Knabe errötete und begriff nicht. «Sollte ich das Zicklein nicht zurücknehmen, das meiner Familie gehört?»
Der Mönch lächelte über das Mißverständnis und freute sich über die ahnungslose Unschuld des Buben, den wohl der Herrgott bis in dieses Alter geführt haben mußte. «Der Teufel», setzte er ihm auseinander, «nimmt oft menschliche Gestalt an, um uns zu versuchen. Die Einsamkeit im Gebet kann uns schützen, die stille, einsame Klosterzelle bringt eine Fülle des Lichtes. Sag, wie betest du eigentlich?»
Jussef antwortete dem Klausner: «Ich spreche aus ganzem Herzen und in steter Verbundenheit mit Gott die Gebete, die man mich gelehrt hat.»
«Ist das alles?»
«Ach, mein Vater, sicher tue ich Unrecht, sündige durch meinen Stolz. Aber ich habe auch selbst Gebete zusammengesetzt, ich habe — ohne Ordnung — Worte gesammelt, wie sie einem in den Sinn kommen. Sicher war manches konfus und kunterbunt, was ich da zu Gott sagte.»
Der Einsiedler widersprach ihm: «Diese Art zu beten ist dem Herrn im Gegenteil sehr angenehm. Er ist wie ein Vater, der sich freut, wenn sein Kind die ersten Schritte macht, um sich Ihm in die Arme zu werfen.»
«Aber wie betet man am besten?»
«Beten ist Leben, ist Sprechen mit Gott. Laß alles hinter dir, alles, worin du geirrt und gefehlt hast, alle irdische Last. Wenn du dich am Schluß ganz

in Gott in heiliger Ruhe verloren hast, dann kommt das Reich Gottes, das sich dir öffnet.»
«Sie haben den Weg verfehlt, nicht wahr, Vater?»
«Es gibt keinen Zufall auf Erden. Er, vom dem alles abhängt, hat meine Schritte gelenkt.»
Nun nahm der Mönch den Kopf des jungen Hirten in seine Hände, schaute ihm in die Augen und las darin die Zukunft: «Wenn der Frieden Christi einmal in dir Wurzeln geschlagen hat, dann wirst du den Frieden anderen bringen und du wirst sie heilen von ihrer Lebensangst und ihren Zweifeln. Die Kraft des glühenden Gebetes hat eine tausendfach stärkere Macht als alle menschlichen Heilmittel, als alle irdischen Kräfte. Geh hin, mein Sohn, und denke darüber nach, was ich dir gesagt habe.»
Auf tiefste erregt, blickte Jussef dem Davonschreitenden nach. Nach dem Abendgottesdienst am folgenden Sonntag bat der Knabe seine Mutter im Geiste um Verzeihung. Ihr Wehklagen hörte er nicht mehr. Barfuß und ohne ein Stück Brot im Sack wanderte er in die Nacht hinaus jenem Kloster zu, von dem er gehört hatte, daß es weit im Westen liegt, dort, wo die Sonne hinter den Bergen unterging.
Die Mutter machte sich mit Onkel Tanios ebenfalls auf den Weg. Nach zwei Tagen fanden sie den Ausreißer im Kloster. Er wehrte ihre Einwände ab, und er bat sie demütig, bleiben zu dürfen. Onkel Tanios wollte zwar nicht nachgeben, vor allem aus wirtschaftlichen Gründen, aber schließlich lenkte die Mutter ein: «So soll Gottes Wille geschehen, möge ihm mein Opfer angenehm sein!»
Dieser Jussef Machluf, den Gott auf so unwider-

stehliche und dramatische Weise in die Einsamkeit des Klosters berief, wurde ein großer Mann Gottes, der nur eine Leidenschaft kannte: Gott zu lieben aus ganzem Herzen, aus ganzer Seele, aus allen seinen Kräften und aus seinem ganzen Gemüte. Ein Mann, der in der Nachfolge Christi seinem Meister gleichförmig wurde. Ein Heiliger, der nach seinem Tod die Menschen anzog wie ein Magnet, und zwar Christen wie Mohammedaner, an dessen Grab Hunderte geheilt wurden durch die Macht seiner Fürbitte bei Gott.

Dann kam ein Mann, von Gott gesandt, sein Name war Johannes. Er berief ein Konzil nach Rom. Über zweitausend Konzilsväter, von den gelehrtesten Theologen unterstützt, berieten über neue Wege der Nachfolge Christi. Und was geschah? Der Mensch denkt und Gott lenkt. In dem Augenblick, als das Konzil seinen Höhepunkt und zugleich seinen Abschluß fand, wurde dieser Jussef, mit Klosternamen Scharbel Machluf, von Papst Paul VI. selig gesprochen und als neues Vorbild der Nachfolge Christi hingestellt. Der libanesische Kardinal Meouchi hat das bei der Seligsprechung im Petersdom treffend zum Ausdruck gebracht:

«Sie haben heute P. Scharbel Machluf, den Maronitenmönch aus dem Libanon, unter die Zahl der Seligen aufgenommen. Er soll uns ein Vorbild der Buße und des Wertes des betrachtenden Gebetes in unserer von Indifferenz, Oberflächlichkeit und Gottlosigkeit erfüllten Welt sein. Vom Leben und Leiden unseres Erlösers ergriffen, versuchte er auf der Höhe des Libanon-Gebirges, in einer armseligen Klause und von allem Irdischen losgelöst, den

schmerzvollen Kreuzweg zu gehen, den unser Heiland gegangen ist. Er wollte uns durch Abtötung, Buße und große Entbehrungen das Vorbild eines zerknirschten Herzens und einer wahrhaften Hingabe an Gott geben.

Buße ohne Gebet genügt nicht. Der Einsiedler P. Scharbel verbrachte viele Tages- und Nachtstunden in stiller Andacht und inbrünstigem Gebet. Er verband das beschauliche Leben mit Handarbeit und erweckte damit die echtesten Traditionen des morgenländischen Mönchstums wieder zum Leben. Auf diese Weise predigte er unserer unglücklichen und in Chaos versinkenden Welt die Botschaft des Glaubens und gab ihr die wahre Antwort auf ihre Probleme. Er lehrte sie vor allem die Praxis des Bußgebetes und der Arbeit.»

Papst Paul VI. hat das dann noch unterstrichen, als er ausführte:

«In diesem Augenblick, da das Zweite Vatikanische Konzil zu Ende geht, wird ein Einsiedler aus dem Libanon-Gebirge unter die Zahl der Seligen aufgenommen. Es ist der erste Bekenner aus dem Osten, der aufgrund der gegenwärtigen Bestimmungen der katholischen Kirche unter die Zahl der Seligen aufgenommen wird. Ein Symbol der Vereinigung von Ost und West! Ein Zeichen der brüderlichen Verbundenheit zwischen den Christen der ganzen Welt!

Sein Beispiel und seine Fürbitte sind heute notwendiger denn je zuvor. Der selige P. Scharbel Machluf war der Sproß einer zahlreichen Familie und wurde schon im zarten Kindesalter eine Waise. Er verbrachte die ersten Lebensjahre daheim an seinem

Geburtsort. Dann aber fühlte er den Ruf des Herrn. Er verließ nachts seine Angehörigen und trat in das Kloster ein. Zuerst in Maifouk und dann in Annaya.

Am Ende des Konzils, in dem so viel über die Mittel diskutiert wurde, die die Kirche in gewissenhafter und dem Glauben entsprechender Weise anwenden soll, das Königtum Christi rascher sichtbar zu machen, ist es gerade der selige Mönch von Annaya, der uns als Vorbild für das unbedingt notwendige Gebet, für die Übung der verborgenen Tugenden und für die Selbstabtötung dienen soll. Die Kirche braucht zur Erfüllung ihres apostolischen Wirkens auch Zentren des beschaulichen Lebens, Zentren, in denen das Lob und die Bitten zu Gott in ununterbrochenem Eifer emporsteigen.

Dies sind die Lehren, die wir heute aus dieser Feier ziehen können. Der selige Scharbel soll uns auf jenen Weg der Heiligkeit führen, wo stilles Gebet in der geistigen Gegenwart Gottes das Wichtigste ist. Er soll uns in einer Welt, die vom Wohlstandsdenken berauscht ist, die hohen Werte von Armut, Buße und Aszese zeigen; er soll uns helfen, unsere Seelen auf dem Weg zur Vereinigung mit Gott von allem irdischen Ballast zu befreien. Wir werden diese Tugenden in den verschiedenen Lebenslagen verschieden üben müssen. Aber kein Christ, der unserem Herrn zu folgen bereit ist, kann sie außer acht lassen. Das sagt uns das zeitgerechte Beispiel eines Scharbel Machluf.»

Der Autor hat zu Beginn dieses Buches einige interessante geschichtliche Rückblenden eingeschaltet. Der Leser, der sich die Mühe nimmt, diese Exkur-

sionen in die Vergangenheit mitzumachen, wird daraus reiche Erkenntnisse schöpfen und das Leben von Scharbel Machluf auf diesem Hintergrund besser verstehen. Er wird erfahren, daß das Reich Gottes auch in der Vergangenheit Gewalt erlitt, daß es immer wieder Kämpfe zwischen Rechtgläubigkeit und Irrlehren gab und daß die Christen von Zeit zu Zeit von inneren und äußeren Feinden bedrängt wurden. Im letzten Jahrhundert wurden Tausende von Christen im Libanon von Drusen und Türken hingemetzelt.

Man erfährt zum Beispiel, wie die Bischöfe unter dem Druck des oströmischen Kaisers und mit Rücksicht auf die Mohammedaner bereit waren, den Bilderstürmen nachzugeben und die religiöse Bilderverehrung zu verbieten, wie sich aber die Mönche mit ganzer Kraft dagegen wehrten und grausame Martern auf sich nehmen mußten gemäß dem Wort des Herrn: «Das Himmelreich leidet Gewalt und nur die Gewalttätigen reißen es an sich.»

Der Christ betrachtet die Heiligen als seine Freunde im Himmel. Durch Scharbel Machluf ist dieser Freundeskreis größer und stärker geworden.

Zum Schluß sei noch an einen anderen Mönch erinnert, der bereits im 18. Jahrhundert als eine Art Vorläufer des «Wundermönchs vom Libanon» in Europa Aufsehen erregte. Es handelt sich um den Mönch Sarki, der 1760 nach Wien kam. Er hatte zu heftig am Glockenstrang gezogen; die Klosterglocke erhielt einen Riß; auf Wunsch des Abtes sollte nun Sarki für Ersatz sorgen. Ein österreichisches Schiff führte ihn nach Triest. In Wien eingetroffen, hörte er von der schweren Erkrankung eines kaiserlichen Prinzen, und es gelang ihm, bis zu ihm vorzudringen. Am Bett des Erzherzogs betete er lange in arabischer Sprache zu «Maria im Felde», der Schutzpatronin seines Heimatklosters. Als der Prinz auf das inständige Gebet des Mönchs geheilt wurde, liess die Kaiserin Maria Theresia den Gottesmann kommen, schenkte ihm eine Glocke, Messgewänder und Altargerät. Diese Glocke der Kaiserin läutete im Libanongebirge bis zu Beginn des 20. Jahrhunderts, bis sie vom Blitz zerstört wurde (vgl. P. Joseph Goudard S. J.: La Sainte Vierge au Liban, Paris 1908). Die Glocke wurde aus dem gleichen Metall neu gegossen und war noch im Ersten Weltkrieg die einzige christliche Glocke, die weit in der ganzen Gegend herum zu hören war.

Obwohl die Maroniten hauptsächlich unter dem Schutz Frankreichs standen, nahm sich Österreich immer dann ihrer an, wenn die französische Unterstützung ausblieb. So war es der Intervention Metternichs zu verdanken, daß der türkische Statthalter des Libanon, Generalmajor Omer Pascha, abgesetzt wurde. Omer Pascha war zwar gebürtiger Österreicher, aber er war vom Glauben abgefallen, und deshalb hielt ihn der österreichische Staatskanzler nicht für vertrauenswürdig.

Wien sorgte auch für Schul- und liturgische Bücher. Die alten Libanesen erinnern sich, aus dem «Cäsar Jussef» lesen gelernt zu haben. Kaiser Franz Josef I. liess 1860 auf seine Kosten für die Libanesen ein Lesebuch drucken, das in Goldbuchstaben den Namen des österreichischen Kaisers trug.

Am 9. Oktober 1977 wurde Scharbel Machluf von Papst Paul VI. heilig gesprochen. *Arnold Guillet*

Ein Heiliger des Ostens

Die katholische Kirche ist schon ihrem Namen nach universal, allgemein. Als Christus der Herr zu den Aposteln sprach: «Gehet hin und lehret alle Völker und taufet sie im Namen des Vaters und des Sohnes und des Heiligen Geistes», so meinte er damit nicht bloß die Nationen innerhalb des Römischen Reiches oder die Völker des abendländischen Europa, sondern tatsächlich alle Völker, alle Nationen und alle Stämme, die es jemals auf der Erde geben würde. Wir sind in Europa gewohnt, das Christentum bloß in seinem abendländischen Kleide zu sehen und legen viel zu wenig Wert darauf, jene anderen Formen des christlichen Glaubens kennenzulernen, die es im Osten und im Morgenlande noch gibt. «Aber das Christentum könnte nicht nur» — so sagt der Benediktinerpater Thomas Ohm in seinem Büchlein «Vom Christentum des Abendlandes, des Ostens und der Zukunft» (Glock und Lutz, Nürnberg, 1951) —, «sondern sollte noch andere Gewänder tragen als das abendländische, sollte alles Wahre, Gute und Schöne annehmen, selbst wenn es exotisch anmutet. Denn alle Wahrheiten und Werte kommen von Gott und haben Beziehung zu ihm. Wir dürfen den anderen nicht unser abendländisches Christentum aufzwingen, sondern müssen ihnen gestatten, das Christentum in einer ihnen gemäßen Form zu leben.»

Wenn wir daher europäischen Lesern das Bild des seligen Mönches P. Scharbel Machluf vorstellen, so erfüllen wir nur ein Gebot der Zeit. Es gilt nicht bloß einen Menschen als Vorbild christlicher Lebensweise und Gesittung zu zeichnen, sondern den abendländisch-europäischen Christen zu zeigen, daß Frömmigkeit und Gottesfurcht, Liebe und Demut nicht bloß in den Klöstern an der Seine oder Rhone, an Rhein oder Donau, an Po oder Ebro daheim sein können — sondern auch jenseits des Mittelländischen Meeres, im Morgenland, wo die Wiege des Christentums stand. P. Scharbel Machluf ist der Mahnruf Gottes an uns abendländische Christen, nicht darauf zu vergessen, daß das Christentum weltumspannend zu sein hat und daß Gott aus allen Völkern der Erde heiligmäßige Männer berufen kann; gleichgültig, welche Farbe sie haben oder welche Sprache sie sprechen, gleichgültig selbst, welchen Ritus sie pflegen, soweit sie bloß treue Söhne der katholischen Kirche sein wollen.

Heute ist die Zeit, da wir in allen Erdteilen rings um uns das Erwachen der farbigen Völker und Rassen wahrnehmen. Es ist dies eine Entwicklung, die wir nicht zurückdrängen können, und wir werden uns damit abfinden müssen, daß die großen Völker Asiens ihr Recht fordern, das ihnen europäischer Eigennutz lange genug verweigert hat. Aber die Zukunft wird auch im Morgenlande Gottes sein, wenn Gott noch mehr Männer erweckt wie es der fromme Mönch des Libanon, P. Scharbel Machluf, war. Dann wird auch in jenen Ländern, in denen schon einmal blühendes christliches Leben herrschte, von neuem das Kreuz von den Türmen der Kirchen und den Höhen der schneebedeckten Berge leuchten. Dann wird die Zukunft der Erde vielleicht keine europäische, wohl aber eine christliche sein. Und davon hängt schließlich alles ab.

Der Libanon — Machlufs Heimat

Scharbel Machluf wurde in dem kleinen Dörflein Biqua'kafrah im Libanongebirge im Jahr 1828 geboren. Der Libanon ist uns Christen schon aus der Bibel geläufig. Im dritten Buch der Könige lesen wir, daß Salomon, der weise Sohn Davids, der ungefähr von 968—930 v. Chr. regierte, nach seiner Thronbesteigung eine Botschaft an den König Hiram von Tyrus sandte mit den Worten: «Gib Befehl, daß man für mich Zedern aus dem Libanon fällt.» Mit diesen Zedern baute Salomon den gewaltigen Prunk-Tempel des allmächtigen einzigen Gottes in Jerusalem, den schon Vater David (der ungefähr 1007—968 v. Chr. regierte) zu bauen gelobt hatte. Die «Zedern des Libanon» wurden im ganzen Vorderen Orient sprichwörtlich, oft genug wird in den Gedichten ein junges Mädchen mit ihnen verglichen: sie ist schlank wie eine Zeder des Libanon.

Der Libanon reckt seine schneebedeckten Gipfel von der Küste in das Innere des Landes. Er erreicht eine Höhe von über 2000 Meter über dem Meeresspiegel — der Dschebel Sannin ist 2608 Meter und der Große Hermon 2759 Meter hoch. Im Gebiet des Libanon entspringt der nach Süden fließende Jordan, der Hauptfluß des «Heiligen Landes», in welchem sich Jesus von Johannes dem Täufer taufen ließ; dort entspringt auch der nach Norden strömende Orontes, an dessen Ufern im Altertum die drittgrößte Stadt des ganzen Römischen Reiches, Antiochia, lag. Die Bewohner Antiochias waren wegen ihrer ausschweifenden Lebensweise, die besonders unter der Form der religiösen Prostitution im Hain der Daphne hervortrat, bekannt. Antiochia war auch für kurze Zeit der Bischofsitz des heiligen Apostels und ersten Papstes Petrus, bis er nach Rom ging. Hier in Antiochia kam auch für die Anhänger Jesu zuerst der Name «Christen» auf. Vom Ufer des Mittelländischen Meeres aus ist es ein wunderbarer Anblick, in der Ferne die hoch aufragenden Berge zu sehen. Mit dem Indigo der See mischen sich ihre tiefblauen Schatten. Die Farbe wechselt nach den Jahreszeiten: von Rosa ins Purpur und ins bläuliche Violett. Die Luft auf den Höhen der Berge ist frisch und erquickend, anders als der heiße Dunst, der über der Meeresoberfläche liegt. In mancher Beziehung gleicht die Gegend den europäischen Alpen. Tiefe Täler streichen von Norden nach Süden, von Osten nach Westen und lassen Trennungsscheiden zwischen den einzelnen Gebirgsteilen entstehen.

Der Libanon war seit jeher ein Schutz- und Zufluchtsort der Verfolgten und Bedrängten. Hier konnten sich aber auch Räuber und Anhänger fanatischer Sekten eine Heimat schaffen, ebenso, wie dies die Überreste besiegter und geschlagener Völkerschaften, die der Sklaverei entgehen wollten, taten. Im Libanon erhielten sich alte Sitten und Gebräuche länger als in den Ebenen an der Küste, im Orontestal im Norden oder in Transjordanien jenseits des Jordanflusses. Die Hochebene des Libanon ist heute ein einziger Garten, geschützt durch die steilen Hänge auf allen Seiten, bewässert durch die regenbringenden Seewinde und die Schmelzwässer der alten Flüsse, deren Namen noch heute wie vor 2000 und 3000 Jahren klingen. Hier gedeihen Orangen, Maulbeeren, Oliven, selbst Palmen in üppiger Fülle. Die Bewohner des Landes sind aber auch heute noch wie zur Zeit ihrer Urväter meist fleißige Bauern. Nur in den Städten, vor allem in der heutigen Hauptstadt der Republik Libanon, in Beirut, finden wir bereits Fremdenverkehr und moderne Lebensweise vor. Steigen wir in die Höhe von etwa 1200 Meter Seehöhe, so finden wir dort Weingärten, Tabak-, Obst und Kartoffelbau. Die typischen Gewächse des Libanon sind die Zedern, Zypressen und Pinien. Die Städte des Libanon liegen meist an der Küste: Beirut, Batroun, Dschebail und Tripoli. Wir finden in dieser Gegend die Ruinen der alten Phöniziersiedlungen Tyrus und Sidon, weltberühmt, von denen aus einst die Großmacht Karthago (in der Nähe der heutigen Stadt Tunis) gegründet wurde. Die Fahne der Republik Libanon zeigt die gleichen rot-weiß-roten Farben wie die Fahne der Republik Österreich, nur befindet sich im weißen Mittelfeld eine grüne Zeder.

Das Volk des Libanon

Der Libanon ist eines der ältesten von Menschen besiedelten Gebiete. In grauer Vorzeit verliert sich die Zivilisation der Stadt Byblos (heute Ibail), die bereits um das Jahr 3500 v. Chr. ihr Ende fand. Sie wurde von Einwanderern aus der Gegend der heutigen Türkei und des Kaukasusgebirges zerstört und durch eine neue Kultur ersetzt. Auch diese Kultur ging nach fast 1000jährigem Bestand um das Jahr 2100 v. Chr. zugrunde. Aber immer wieder fanden neue Siedler den Boden für sich geeignet und bauten auf ihm ihre Wohnstätten und Tempel. Von der Stadt Byblos erhielt die Heilige Schrift ihren Namen: die «Bibel».

Die Bewohner des Landes waren Semiten. Zu den Semiten gehören eine große Anzahl von Völkern: im Altertum die Akkader und Chaldäer in Babylon, die Phönizier, die an der Küste des Libanongebietes siedelten und bedeutende Seefahrer waren, denen bereits um das Jahr 600 v. Chr. die Umschiffung Afrikas gelang; aber zu den Semiten gehören auch die Juden und die — Araber, heute zwei miteinander zutiefst verfeindete Völker. Den Phöniziern, den Vorfahren der heutigen Libanesen, wird die Erfindung der Buchstabenschrift zugeschrieben, auf die alle Alphabete zurückgehen. Sie waren auch in der Purpurfärberei tätig. Die Römer nannten eine besondere Art der roten Farbe den «tyrischen Purpur». Die Phönizier waren ihrem heidnischen Götterkult mit fanatischem Eifer ergeben. Schon im Alten Testament hören wir von der Verehrung des blutgierigen Gottes Moloch, dem man Kinder als Opfer darbrachte. In den Ruinen von Karthago, der Tochterstadt von Tyrus, fand man ganze Friedhöfe mit Skeletten von Kindern, die hier dem Gott Moloch geopfert worden waren. Die Phönizier verehrten auch die Göttin Ascharte (in Babylonien wurde sie Ischtar genannt). In ihrem Dienst zwang man junge Mädchen — in den meisten Fällen gekaufte Sklavinnen — ihre Jungfräulichkeit und Unschuld vor aller Augen preiszugeben. Die Gelder, die die Mädchen dafür erhielten, kamen dem Tempelschatz zugute. Schon im alten Babylon war die Sitte herrschend gewesen, daß kein Mädchen, auch das vornehmste, heiraten durfte, ehe es sich nicht dem ersten Mann, der es im Tempelgarten ansprach, und damit der Göttin ergeben hatte.

Mit der gleichen Leidenschaftlichkeit, mit der die Bewohner des Landes ihre heidnischen Gottheiten verehrt hattten, übernahmen sie später den christlichen Glauben. Antiochia war schon zur Zeit der Apostel eine blühende Christengemeinde. Die Geschichte des Paul von Samosata, der sich nach seiner Absetzung als Bischof im Jahr 268 n. Chr. weigerte, seinen Amtssitz dem Nachfolger zu übergeben, so daß die Intervention des heidnischen Kaisers angerufen werden mußte, zeigt sowohl das Ansehen wie die Machtfülle dieses Bischofssitzes, aus dem später das Patriarchat von Antiochia herauswuchs. Seitdem Kaiser Konstantin der Große (307 bis 337 n. Chr.) im Jahr 313 den christlichen Glauben im ganzen Römischen Reich freigegeben hatte, wandten sich die Bewohner Syriens und des Libanon zur Gänze dem neuen Bekenntnis zu. Anstelle der heidnischen Götterdienste trat die Verehrung Jesu Christi, der Muttergottes und der Heiligen, die der Kirche schon in den ersten Jahrhunderten ihres Bestehens in reicher Fülle geschenkt wurden. Das Wort des Kirchenschriftstellers: «Sanguis martyrum semen Christianorum» (Das Blut der Märtyrer ist der Same für neue Christen) war Wirklichkeit geworden. Die alten Griechen und Römer hatten den Libanon das «Land der Götter» genannt.

Jetzt konnte man es mit Recht das «Land Gottes» nennen. Christliche Pilgerscharen zogen zu den alten Kultstätten, die die Kirche klugen Sinnes in christliche Heiligtümer umgewandelt hatte. Wo einst die scheußliche Aschtarte ihre Dienerinnen zur Unzucht verleitet hatte, thronte jetzt Maria, die allerseligste und allerreinste Gottesmutter in all ihrer Glorie. In den Tälern des Libanon sangen die frommen Gläubigen statt der Hymnen zu Ehren der Auferstehung des Gottes Adonis die Jubelgesänge des christlichen Osterfestes.
Als dann im Jahr 395 n. Chr. das Römische Reich endgültig in zwei Teile, in West- und in Ostrom zerfiel, wurde der Libanon ein Teil des Oströmischen, des später sogenannten Byzantinischen Reiches. Die neue Reichshauptstadt war Konstantinopel (heute Istanbul), wohin schon Konstantin der Große 330 n. Chr. den Sitz der Regierung verlegt hatte. Mit dem politischen Anschluß an diese prunkvolle Kaiserstadt zwischen zwei Erdteilen wuchs auch der Einfluß der Kirche von Konstantinopel auf die Christen des Libanon. In äußerer Form und im Ritus der Kulthandlungen nahmen die christlichen Bewohner des Libanon die morgenländischen Gebräuche an oder behielten sie vielmehr in ihrer alten ursprünglichen Weise. Dagegen lockerten sich die Verbindungen des Libanon zu Rom, Italien und zur abendländisch-lateinischen Kirche.

Ost- und Westkirche

Der christliche Glaube entstand im Morgenland. Jesus Christus, Gottes eingeborener Sohn, der lange erwartete Messias, wurde in Bethlehem geboren, lebte in Nazareth, wanderte am See Genesareth und starb in Jerusalem. Alles Gegenden, die in unmittelbarer Nähe des Libanon liegen. Vom «Heiligen Land» aus verbreitete sich dann das Christentum über das gesamte Römische Reich. Es war aber die Tragik des Glaubens, daß schon sehr früh Risse in der *einen* Christenheit auftraten. Sie sind auf verschiedene Ursachen zurückzuführen. Auf mißverstandene oder falsch gedeutete Lehren des Glaubens, aber auch auf verschiedene Sitten und Lebensgewohnheiten. Dies zeigte sich besonders stark bei der Auseinanderentwicklung der östlichen und der westlichen (lateinischen, römisch-katholischen) Kirche. Seit das Ost- und Weströmische Reich getrennt waren, vertiefte sich dieser Unterschied. Das Weströmische Reich ging im Jahr 476 n. Chr. in den Stürmen der Völkerwanderung unter. Auf seinen Trümmern erhoben sich neue politische Gebilde, aus denen später unsere heutigen Staaten hervorgingen. Das Oströmische Reich bestand noch bis zum Jahr 1453, als der türkische Sultan Mehmed II., der «Eroberer», die alte Kaiserstadt am Goldenen Horn in seine Gewalt brachte und sie zur Hauptstadt eines Reiches machte, das beinahe das gesamte Gebiet des alten Oströmischen Reiches umfaßte.

Seit Konstantinopel der Sitz der oströmischen Kaiser war und es keinen weströmischen Herrscher mehr gab, betrachteten sich die Oströmer als die einzigen rechtmäßigen Erben des gesamten Römischen Reiches. Man empfand es daher als ungesetzlich, als am Weihnachtstag des Jahres 800 n. Chr. in Rom dem Frankenkönig Karl dem Großen (768 bis 814) die Krone eines neuen (west)römisch-abendländischen Reiches vom Papst aufgesetzt wurde. Neben der Verschiedenheit der Sitten und Gebräuche trat nun im verstärkten Ausmaß der *politische* Gegensatz zwischen Rom und Konstantinopel zu Tage. So kam es, daß es nach einigen vorübergehenden Kirchentrennungen zwischen Ost und West im Jahr 1054 n. Chr. zu einer Spaltung kam, die man damals wohl nur als vorübergehend empfand, die aber bis auf den heutigen Tag währt. Sie wurde psychologisch unheilbar gemacht, als im Jahr 1204 die «Franken» — so nannte man im ganzen Oströmischen Reich die Angehörigen der west- und mitteleuropäischen Völker — im Verlauf des Vierten Kreuzzuges Konstantinopel eroberten und verwüsteten. Damals entstand unter den Ostchristen der Spruch: «Lieber den Turban des Sultans als die Tiara des Papstes». Dies, obwohl gerade der damalige Papst Innozenz III. (1198—1216) alles in seiner Macht Stehende getan hatte, die Kreuzfahrer davon abzuhalten, eine christliche Stadt zu verwüsten und zu plündern. Die Oströmer wußten von diesem Bemühen des Papstes so gut wie nichts, sie wußten aber, daß die «Franken», die wie Raubtiere über sie herfielen, Anhänger des Papstes in Rom waren.

So kam es, daß auch heute noch die Wiedervereinigung der römisch-katholischen mit der griechischorthodoxen Kirche aussteht, obwohl in den letzten Jahren durch die Begegnungen des Papstes Paul VI. mit dem Ehrenoberhaupt der Ostkirche, dem Patriarchen von Konstantinopel, Athenagoras, viele psychologische Hemmnisse aus dem Weg geräumt wurden und wir so einer Wiedervereinigung um beträchtliches nähergekommen sind.

In der Ostkirche herrschte seit jeher die Sitte, einzelnen Ländern eine gewisse kirchenrechtliche Unabhängigkeit zu gewähren. Dies führte dazu, daß es neben dem Patriarchen von Konstantinopel eine Reihe von anderen Patriarchen gibt, von denen heute der Patriarch von Moskau und ganz Rußland die meisten Gläubigen unter seiner Jurisdiktion hat. In der römisch-katholischen Kirche vergessen wir meist, daß der Papst nicht bloß das Oberhaupt der Gesamtkirche, sondern auch noch der Patriarch des Abendlandes ist. In den Jahrhunderten des Mittelalters versuchte man von Rom aus den Patriarchen, die der Ostkirche angehörten, entweder «lateinische» Patriarchen entgegenzustellen oder auch eigene, mit Rom vereinigte Patriarchate des ostchristlichen Ritus zu schaffen. So gibt es heute folgende lateinische oder mit Rom unierte Patriarchate, die aber zum Großteil nur über wenige Gläubige verfügen: den katholisch-lateinischen Patriarchen von Alexandrien (Ägypten), den katholisch-koptischen Patriarchen von Alexandrien, den katholisch-syrischen Patriarchen von Antiochien, den lateinischen Patriarchen von Antiochien, den maronitischen Patriarchen von Antiochien, den melchitischen Patriarchen von Antiochien; den lateinischen Patriarchen von Jerusalem, den chaldäischen Patriarchen von Bagdad und Mossul, den katholisch-armenischen Patriarchen von Cilicien; außerdem führen den Titel von Patriarchen ehrenhalber die Erzbischöfe von Lissabon und Venedig. Auch für Westindien und für Ostindien gibt es Patriarchate, die jedoch gleichfalls den Titel mehr des Ansehens willen führen als daß sie die gleichen Rechte und Privilegien wie die Patriarchen des Nahen Ostens besäßen. Neben diesen mit Rom unierten Patriarchen gibt es natürlich auch Patriarchen von Antiochia, Jerusalem und Alexandrien, die mit der katholischen Kirche nicht vereinigt sind. Die Bewohner des Libanon gehörten seit altersher zum Patriarchat von Antiochia.

Eine alte Klosterregel

Der Orient war die Geburtsstätte des Mönchtums. In den Wüsten der Thebaïs lebten schon in den letzten Jahrzehnten der Christenverfolgungen Menschen, die sich aus der Welt zurückgezogen hatten. Es gab Mönche, die als Einsiedler für sich allein lebten und Mönche, die in Gemeinschaft ein Kloster errichteten und sich eine Regel gaben. Während bei uns im Abendland die Regel des heiligen Benedikt (480—550) führend wurde, gab es im Orient Mönchsgemeinschaften nach der Regel des heiligen Pachomius, des heiligen Basilius oder des heiligen Theodor des Studiten. Eine besondere Eigenart des morgenländischen Mönchtums, vor allem in Syrien, war das Stylitenleben. Der bedeutendste unter den

Styliten war der heilige Simeon der Stylit († 459). Man verstand unter Stylitismus jene Art des beschaulichen Lebens, das sich zwar in der Öffentlichkeit, aber doch in einer gewissen Einsamkeit abspielte. Der deutsche Ausdruck für «Stylit» heißt Säulenheiliger. Ein Stylit pflegte jahraus jahrein auf einer Säule sein Leben zu verbringen. Manche der Styliten erhöhten ihre Säulen von Zeit zu Zeit. Sie lagerten oben bei Tag und Nacht, im Regen und Wind — die Gläubigen brachten ihnen die notwendigen Nahrungsmittel — es waren ihrer ohnedies wenige, deren sie bedurften — und der Stylit zog, wenn die Säule hoch war, die Gaben in einem Korb zu sich in die Höhe. Auch der Libanon hatte seine Styliten. Es gab einen Styliten in der Nähe von Damaskus, einen anderen nicht weit von Beirut entfernt. Im Osten von Gebail sieht man noch heute auf der Höhe eine alte Kapelle, die dem heiligen Simeon geweiht ist. In ihrer Mitte befindet sich ein Säulenstumpf, der eine Höhe von 5 m und einen Umfang von 4,5 m aufweist. Dieser Säulenstumpf war zweifellos ebenfalls der Aufenthalt eines Styliten. Die Styliten genossen bei der Bevölkerung die gleiche Verehrung wie in den Zeiten der Verfolgung die Märtyrer und Bekenner. So lange sie lebten, wandte man sich an sie, um von ihnen Hilfe für eine zeitliche Gnade zu erbitten; nach ihrem Tod galten sie als Beschützer im Himmel.

In Syrien entstanden einige der ältesten Mönchsregeln. Sie gehen auf Abraham von Kaskar (503 bis 588) und seinen Nachfolger Dâdhiso (529—604) zurück. In einem Manuskript, das sich heute im Britischen Museum (B.M. Add. 17 216, fol. 43 r) befindet, und dessen Entstehung in das achte nachchristliche Jahrhundert zu datieren ist — die darin niedergelegten Verhaltungsmaßregeln sind noch älter — finden wir eine einfache Zusammenstellung von Vorschriften für die Nonnen. Sie lauten:

Canon 1: Es ist keiner Schwester gestattet, ohne Erlaubnis der Äbtissin das Kloster zu verlassen. Es ist ferner nicht erlaubt, das Kloster ohne Begleitung einer Mitschwester und ohne Ordenstracht zu verlassen. Sie hat sich nach dem Willen der Äbtissin zu richten und darf sich nur dorthin begeben, wohin sie geschickt wurde.

Canon 2: Es ist keiner Schwester erlaubt, sich in eine Herberge zu begeben und dort mit Laien zusammen zu essen und zu trinken. Es ist keiner Schwester erlaubt, an Nachtwachen bei den Festen der Märtyrer teilzunehmen, weder in noch außerhalb der Stadt. Es ist keiner Schwester erlaubt, an irgendwelchen Versammlungen und Gastmählern teilzunehmen. Wenn sie an einem Wallfahrtsort der Heiligen an ihrem Festtag beten will, muß sie, wie es Canon 1 verlangt, von einer Mitschwester begleitet sein.

Canon 3: Es ist keiner Schwester erlaubt, persönliches Eigentum zu besitzen, welches sie zum Vorwand nehmen könnte, in der Stadt herumzulaufen. Es ist keinem Fremden erlaubt, irgendeinen Gegenstand, ausgenommen ein Buch, bei einer Schwester aufzubewahren, und auch dies nur, wenn es sich um ihren Vater, ihren leiblichen Bruder, ihre Mutter oder ihre Schwester handelt. Sie braucht auch dazu die Erlaubnis der Äbtissin.

Canon 4: Es ist keiner Schwester erlaubt, in der Stadt Nahrung zu sich zu nehmen. Sie darf einzig und allein Wasser trinken.

Canon 5: Es ist einer Schwester verboten, zusammen mit einem Mann zu essen, weder im Kloster noch außerhalb des Klosters. Ausgenommen, wenn es sich um ihren Vater, um ihren leiblichen Bruder oder um einen Onkel väterlicher- oder mütterlicherseits handelt. Auch dann bedarf sie der Erlaubnis der Äbtissin. Es ist keiner Schwester gestattet, außerhalb des Refektoriums Brot zu essen, wenn es nicht eine Reise notwendigerweise vorschreibt. Sie hat ihr Essen immer in dem Haus, und zwar im Speisesaal, zu sich zu nehmen, wo sie sich gerade befindet. Es ist jedermann strenge verboten, eine Nacht in einem Nonnenkloster zu verbringen.

Canon 6: Es ist keiner Schwester erlaubt, sich mit einem Mann allein in einem Haus aufzuhalten, sei es innerhalb oder außerhalb des Klosters. Es ist verboten, einen Mann auf der Straße anzusprechen, wenn man nicht von einer Mitschwester begleitet wird; ausgenommen, wenn es sich um den Vater oder den leiblichen Bruder handelt. Es ist den Nonnen verboten, mit den Mönchen auf den Straßen zu plaudern.

Canon 7: Es ist den Schwestern verboten, die Klausur von Männerklöstern zu betreten. Ebenso ist es den Mönchen verboten, in die Klausur der Frauenklöster zu kommen. Die Erlaubnis dazu wird einzig und allein am Sonntag dem Priester zur Feier des heiligen Meßopfers erteilt. Es ist den Nonnen nicht erlaubt, die Klöster der «Orientalen» zu besuchen (gemeint sind unter «Orientalen» die nestorianischen

Christen, die von der Ostkirche als Häretiker und Schismatiker betrachtet wurden), ausgenommen wenn es sich um die Absolution handelt. Sie dürfen dann den ganzen Zug zusammen mit dem übrigen Volk begleiten. Es ist den Nonnen nicht erlaubt, die Einsiedler-Mönche in den Bergen oder die Styliten unter dem Vorwand, ihnen milde Gaben zu bringen oder Geschenke anzubieten, zu besuchen. In jedem Kloster soll eine ältere reife Nonne mit dieser Aufgabe betraut werden.

Canon 8: Es ist keiner Nonne erlaubt, die Taufe zu spenden, ausgenommen wenn es sich um eine Heidin oder einen Heiden handelt.

Canon 9: Es ist keiner Nonne erlaubt, Geldgeschäfte abzuwickeln. Sie darf weder Briefe schreiben noch empfangen, ausgenommen wenn es sich um Briefe von oder an ihren Vater, ihre Mutter, ihren Bruder, ihre Schwester, ihren Onkel oder ihre Tante handelt.

Canon 10: Es ist keiner Schwester gestattet, beim Morgen- und Abendoffizium oder bei der Heiligen Messe am Sonntag zu fehlen. Ebenso darf sie nicht das Kloster außer im Fall der dringenden Notwendigkeit verlassen und dadurch die Sonntagsmesse versäumen. Als «dringliche Notwendigkeit» gilt die Besorgung von Aufträgen im Dienst des Klosters. Eine Nonne, die diesen Vorschriften zuwider handelt, wird mit zweitägigem Entzug jeder Nahrung und des Weines bestraft.

Canon 11: Keine Nonne darf eine größere Reise unternehmen, als zu der sie ermächtigt wurde.

Canon 12: Keiner Nonne ist es gestattet, ihre Mitschwestern zu schlagen oder zu beleidigen. Tut sie es, wird sie zur Strafe einen Monat vom Gottesdienst ausgeschlossen und erhält weder Nahrung noch Wein.

Canon 13: Die Bestimmungen dieses Canons sind im Manuskript unlesbar, dürften sich aber auf den Austritt aus dem Kloster beziehen.

Die hier vorliegende Regel besitzt einige Unstimmigkeiten. So erlaubt der Canon 5 den Schwestern, Mahlzeiten in den Häusern zu sich zu nehmen, in denen sie sich eben befinden; im Canon 4 wird ihnen aber der Besuch von Privathäusern untersagt. So geht diese Regel auf eine sehr frühe Zeit mönchischen Lebens zurück. Sie ist sicher älter als die Bestimmungen, die uns vom Bischof von Edessa, Rabboula (435 n. Chr.) bekannt sind. Der Kern des Klosterlebens zeigt sich aber immer wieder in den Bestimmungen zur Feier der Tagzeiten. So schreibt die Regel Bischof Rabboulas im Canon 15 vor: «Die Mönche dürfen nicht unter dem Vorwand einer anderweitigen Beschäftigung oder der Arbeit in jenen Stunden abwesend sein, die für die Feier des Gottesdienstes bei Tag und Nacht bestimmt sind.» Im Nonnencanon (Gesetz- oder Regelbuch) des Bar' Ebhroyo (1225—1286), der die gesamte vorherige Entwicklung zusammenfaßt, heißt es dann verschärfend: «Die Mönche und Nonnen dürfen die Gebete und das Psalmensingen weder bei Tag noch bei Nacht zu den dafür üblichen Stunden unterlassen.»

Schon im vorhergehenden Abschnitt haben wir angedeutet, daß das mönchische Leben im Orient sich in vieler Beziehung vom europäischen, lateinisch-abendländischen unterscheidet, das auf den heiligen Benedikt von Nursia zurückgeht. Mag es nur rein äußerlich sein, daß es im Ostchristentum niemals eine solche Fülle verschiedener Orden, Kongregationen und Säkularinstitute gegeben hat wie in der lateinischen Kirche, so ist auch der Mönch im Morgenland von einer ganz anderen Geisteshaltung erfüllt als der Abendländer. Der Geisteshaltung des Orientes kommt bei uns vielleicht die spanische Mystik am nächsten, insbesondere die der großen Kirchenlehrerin, der heiligen Theresia von Avila (1515 bis 1582) und ihres Mitstreiters, des heiligen Johannes vom Kreuz (1542—1591). Im Gegensatz zur Regel des heiligen Benedikt, in der deutlich die Gleichberechtigung von «ora et labora» (bete und arbeite) ausgesprochen wurde, ist der Mönch des Ostens zutiefst mystisch und kontemplativ (betrachtend) veranlagt. Selten finden wir eine schönere Auslegung des Begriffes «Gebet» als bei Johannes Klimax, der es folgendermaßen definiert: «Reinheit des Herzens, Sammlung innerer Kräfte, Versöhnung Gottes, Tränen, Sühnung der Sünden, eine Brücke, die uns über die Versuchung hinwegführt, Schutzmauer gegen Trübsale, Beschwichtigung der Kämpfe. Ein Engelswerk ist es, eine Speise aller geistigen Wesen, die Freude der Ewigkeit, ein himmlisches Tun, ein Quell der Tugenden, Schatz der Gnaden, geistiger Fortschritt, seelische Nahrung, Erleuchtung, ein Ausschluß des Kleinmutes, eine Stütze unserer Zuversicht, ein Trost in der Trauer, der Schatz der Einsiedler, Offenbarung der kommenden Dinge, Erweis der göttlichen Barmherzigkeit.»

Gegenüber der oft vertretenen Behauptung, daß diese Art des geistigen Lebens zur Unbeweglichkeit und Erstarrung führe, sagt der Religionsforscher Nikolaus von Arseniew folgendes: «Das ist nicht Passivität, nicht Quietismus, sondern höchste geistige Anstrengung, Konzentration aller Kräfte des Geistes auf *einen* allein adäquaten Gegenstand seiner Sehnsucht, und Ruhe und Frieden dabei, Schweigen und Zurücktreten aller anderen Wünsche, Leidenschaften und Gegenstände.»

Dieser geistigen Ausrichtung gemäß ist auch die Organisation des morgenländischen Mönchsklosters. Sie unterscheidet sich vom abendländischen in mancher Beziehung. In Europa erscheint es selbstverständlich, daß die Mehrheit der Mönche — vor allem, so weit sie theologische Studien hinter sich haben — geweihte Priester sind; wir unterscheiden genau zwischen ihnen und den sogenannten «Laienbrüdern», denen die Priesterweihe fehlt. Die morgenländischen Mönche — seien sie nun mit Rom uniert oder nicht — sind zum großen Teil Laien: in jedem Kloster befinden sich nur so viele Priestermönche, als zur Feier der «Liturgie» (so nennt der Orientale das Heilige Meßopfer) notwendig sind. Der besondere kirchenrechtliche Vorzug der orientalischen Mönche besteht darin, daß sie allein befähigt sind, höhere kirchliche Würden, so das Amt des Bischofs, zu erlangen. Denn der morgenländische Weltpriester (auch der mit Rom unierte,

d. h. verbundene) ist meist verheiratet. Nur muß die Heirat *vor* der Priesterweihe erfolgen, nachher ist eine Heiratserlaubnis für Priester nicht zulässig. Wenn einer dieser verheirateten Priester seine Frau durch den Tod verliert, ist ihm auch eine Wiederverheiratung verwehrt. Es würde dem Ostchristen beinahe gotteslästerlich vorkommen, wenn ein schon geweihter Priester heiraten würde. Der Mönch ist demgegenüber schon von allem Anfang an zum Zölibat (zur Ehelosigkeit) verpflichtet. Höhere Kirchenämter als das des Pfarrers werden aber *nur* an unverheiratete oder verwitwete Priester gegeben. So kommt es, daß die meisten Bischöfe der Ostkirche Mönche sind.

Wer nun in ein Kloster eintreten will, muß sich seines weltlichen Besitzes entäußern. Zum Zeichen der Zugehörigkeit zum Klerus wird ihm das Mönchsgewand angelegt und er erhält das Haupthaar kreuzweise geschnitten. Er darf normalerweise kein Vermögen besitzen. Erbt er etwas nach seinem Eintritt in das Kloster, so darf er darüber frei verfügen, wenn er sein Eigentum dem Kloster bereits übergeben hatte. Tat er das nicht — weil er etwa kein Vermögen besaß —, so ist er verpflichtet, ein Drittel der Erbschaft dem Kloster zu überlassen, zwei Drittel darf er für sich behalten. Die Neueingetretenen (Novizen) bilden den untersten Mönchsgrad. Nach drei Jahren legt der Novize die Gelübde der Armut, der Keuschheit und des Gehorsams ab. Nach weiteren Jahren des Ordenslebens kann er in die höchsten Stufen der Mönchshierarchie befördert werden. Als Abzeichen dient ihm dann die große, mit Kreuzen versehene Mönchskapuze. Die Ordensregel der morgenländischen Mönche geht meist auf die ältesten Zeiten des Christentums zurück. Der heilige Antonius oder der heilige Basilius werden als ihre Verfasser genannt. Die Basilianerregel ist am meisten verbreitet. An der Spitze des Klosters steht der Igumen (Abt), der von den Klosterinsassen gewählt, aber vom Bischof bestätigt und in sein Amt eingeführt wird. In größeren Klöstern mit mehr als zwanzig Insassen wird die Heilige Messe täglich, in kleineren dreimal und in ganz kleinen zweimal wöchentlich gefeiert (vgl. Dr. Konrad Lübeck: Die christlichen Kirchen des Orientes, Kempten und München, 1911). Auch die Mönche des Libanon sind solche orientalischen Mönche. Sie befolgen die Regel des heiligen Antonius: ein Beweis für den historischen Zusammenhang des libanesischen mit dem ägyptischen Mönchstum. Von Ägypten aus drang die Idee des Mönchstums nach Syrien. Antonius, der Wüstenvater, lebte in der ägyptischen Thebaïs. Von Ägypten aus drang der Gedanke des Mönchstums nach Syrien vor und brachte hier große Heilige wie Simon den Säulensteher hervor. Auch der heilige Maron gehört zu diesen bedeutenden Mönchen: wir werden noch hören, daß ihn die Maroniten als den Stifter ihrer Glaubensgemeinschaft hoch verehren. So kann das Christentum im Libanon auf eine lange geschichtliche Entwicklung zurückblicken: die Republik des Libanon ist heute mitten unter den arabisch-mohammedanischen Staaten und dem jüdischen Staat Israel das einzige politische Gemeinwesen des Vorderen Orients, in dem die Christen etwas mehr als die Hälfte der Gesamtbevölkerung ausmachen. Noch heute lebt altchristlicher Geist in den oft vom Christenblut gedüngten Gegenden um den Libanon. «Gleich dem guten Hirten» — schreibt Paul Dahér in seiner Lebensbeschreibung des seligen Mönches P. Scharbel Machluf — «kennt hier der Priester seine Herde und spricht jeden mit seinem Namen an. Der Dorfpriester, der Abt des Klosters, der einfache Mönch wird ‚Abuna' angesprochen. Das bedeutet so viel wie ‚unser Vater'. Das Küssen der Hand des Priesters ist derselbe Akt der kindlichen Verehrung, der in der morgenländischen Familie herrscht, in der der Sohn voll Ehrfurcht die Hand des Vaters küßt. Die Einfachheit, das wahrhaft evangelische Leben, die warme, spontane, von Herzen kommende Liebe, die gewinnende Herzlichkeit im Umgang, mit einem Worte die Menschlichkeit all dieser wahrhaften ‚Hirten' ruft in einem abendländischen Christen, der sie kennenlernt, eine Bewunderung und eine tiefe Freude hervor. In ihnen findet er jene ‚Männer Christi', die Landsleute des Herrn, wieder, die ihm durch die Fluren Galiläas oder mit den Booten auf den See hinaus folgten — Männer, wie wir sie uns immer vorgestellt haben, ohne ihnen zu begegnen. Bei ihnen fühlt sich das Herz des Christen daheim.»

Ein Kapitel Geschichte

Eines der wichtigsten geschichtlichen Ereignisse für den Libanon und die angrenzenden Gebiete des Nahen Ostens war das Auftreten des Propheten Mo-

hammed (570—632) und der von ihm geschaffenen Religion des Islam. Schon Mohammed hatte den größten Teil der arabischen Halbinsel unter seine politische Herrschaft gebracht. Nach seinem Tod schufen seine Nachfolger, die Kalifen, gewissermaßen Papst und Kaiser des Islam in einer Person, das ungeheure arabische Weltreich, das sich von Innerasien über ganz Nordafrika bis an die Pyrenäen erstreckte. Dabei fielen die größten Teile des Oströmischen Reiches in Asien in arabische Hände, insbesondere gingen Syrien mit dem Libanon und Ägypten verloren. Die Hauptstadt des arabischen Weltreiches war zuerst Damaskus und später Bagdad.
Die Lehre Mohammeds war eine Mischung aus Judentum, Christentum und altheidnischen Vorstellungen der Araber. Der Islam lehrte den Glauben an einen einzigen Gott, leugnete aber die Dreifaltigkeit. Er anerkannte Moses und Christus als Propheten und Vorläufer Mohammeds. Sowohl Moses wie Christus hätten einen Teil der Offenbarung zu den Menschen gebracht und ihr Glaube sei zu ihrer Zeit der richtige gewesen. Aber Mohammed habe von Gott den Rest der Offenbarung erhalten, er sei der größte aller Propheten und nach ihm werde kein anderer mehr kommen. Es ist interessant, den Spuren christlicher Glaubensüberzeugungen im Koran, der «Bibel» des Islam, nachzugehen. Mohammed nennt Jesus ständig «Sohn Marias», sein Name kommt im ganzen 25mal vor. Er wird sogar an vier Stellen nicht bloß als «Sohn Marias», sondern sogar als «Messias» bezeichnet. So heißt es in der Sure (Kapitel) 3,40: «(gedenke), da die Engel sprachen: ‚O Maria, sieh, Allah verkündet Dir ein Wort

von ihm; sein Name ist der Messias Jesus, der Sohn Marias, ungesehen hienieden und im Jenseits einer der Allah Nahen». Mohammed nennt im Koran niemals den Namen des heiligen Joseph; ja er verteidigt sogar die jungfräuliche Empfängnis Mariens. In der Sure 19,16—21 wird die Geburt des Heilandes in folgender Weise erzählt: «Und gedenke auch im Buche der Maria. Da sie sich von ihren Angehörigen an einen Ort gegen Aufgang zurückzog und sich vor ihnen verschleierte, da sandten wir unseren Geist zu ihr, und er erschien ihr als vollkommener Mann. Sie sprach: ‚Sieh, ich nehme meine Zuflucht vor Dir, zum Erbarmer, so Du ihn fürchtest.' Er sprach: ‚Ich bin nur ein Gesandter Deines Herrn, um Dir einen reinen Knaben zu bescheren.' Sie sprach: ‚Woher soll mir ein Knabe werden, wo mich kein Mann berührt hat und ich keine Dirne bin?' Er sprach: ‚Also sei's! Gesprochen hat Dein Herr: Das ist mir ein Leichtes; und wir wollen ihn zu einem Zeichen für die Menschen machen und einer Barmherzigkeit von uns. Und es ist eine beschlossene Sache.» Aus der Sure 21,91 und 66,12 geht dann weiter hervor, daß Mohammed für Christus keinen irdischen Vater annahm, sondern daran glaubte, daß der Herr «von Maria, der Jungfrau» durch Einhauchen des göttlichen Geistes geboren wurde. P. Dr. Joseph Henniger, SVD (Freiburg i. Ü.) schreibt deshalb auch mit Recht (in seinem Aufsatz «Spuren christlicher Glaubenswahrheiten im Koran», in: Neue Zeitschrift für Missionswissenschaft, 1. Jahr, Heft 4, 1945): «Es ist eine auffallende Tatsache, wie entschieden, man möchte fast sagen, wie hartnäckig Mohammed die übernatürliche, jungfräuliche Empfängnis Jesu durch Maria betont ... Dies ist umso auffallender, weil er sonst immer wieder beteuert, daß Jesus nur ein gewöhnlicher Mensch gewesen sei, und weil mit dieser übernatürlichen Geburt Jesus ja einen Vorzug gegenüber Mohammed erhält. Seine christlichen Gewährsmänner müssen ihm also klar und einstimmig ihren Glauben an die unversehrte Jungfräulichkeit Marias überliefert haben, sonst wäre er davon nicht so stark beeindruckt worden. Die orientalische Christenheit des siebten Jahrhunderts bietet zwar in ihrer Zerrissenheit durch Häresien und Parteiungen weithin ein sehr unerfreuliches Bild; aber inmitten der Mischung echter Glaubenswahrheiten mit Lehren außerchristlicher Herkunft und mit den oft fast phantastischen und albernen Fabeleien der Apokryphen (der unechten Glaubensschriften) blieb doch dieser Satz aus dem Glaubensbekenntnis von Nicäa und Konstantinopel, der auf der Kindheitsgeschichte des Matthäus- und Lukas-Evangeliums beruht, immer unerschütterlich und unbezweifelt: ‚Der Mensch geworden ist durch den Heiligen Geist, aus Maria der Jungfrau.' Für diesen Glauben der orientalischen Kirche muß auch Mohammed, ohne es zu wissen und zu wollen, ohne sich über die Tragweite seiner Worte klar zu sein, Zeugnis geben und durch seinen Koran ist dieses Zeugnis weitergetragen worden zu Hunderten von Millionen Menschen, von denen sehr viele vorher nichts von Jesus und Maria wußten.» Es ist daher begreiflich, wenn christliche Schriftsteller des frühen Mittelalters den Islam als eine «christliche Sekte» bezeichneten, von einem «Araber für Araber gemacht».

Die Behauptung Mohammeds, daß Moses und Christus seine Vorläufer seien, führte dazu, daß auch in den von Arabern besetzten Gebieten das Judentum und der christliche Glaube, allerdings in untergeordneter Stellung, erhalten blieben. Denn während der Islam die Heiden «mit Feuer und Schwert» bekämpfte und zum «wahren Glauben» zu bekehren trachtete, sollten nach dem Wunsch Mohammeds die «Schriftbesitzer», also jene Gläubigen, die ein heiliges Buch (wie die Bibel) besaßen, «geduldet» werden. So kam es, daß auch unter arabischer Herrschaft das Christentum im Libanon erhalten blieb. Es hatte freilich kein unbeschwertes Dasein: die Christen waren von jeder Teilnahme an der politischen Macht ausgeschlossen, mußten ihren Herren Steuern und Abgaben entrichten, und waren doch niemals sicher, ob nicht eines Tages ein böswilliger Abgesandter des Kalifen erschien und sie noch mehr bluten ließ, als es im Gesetz vorgeschrieben war. Denn wer von diesen Christen konnte es schon wagen, sich gegen einen Würdenträger des Kalifen, vielleicht am Kalifenhof selbst, zu beschweren! Das war in vielen Fällen nicht einmal für «rechtgläubige» Untertanen des Herrschers möglich. Denn es kam immer häufiger vor, daß sich der «Herrscher aller Gläubigen» in seinem Harem mit seinen Frauen und Sklavinnen vergnügte, und die Regierung des Reiches seinen Feldherren, Ministern und Statthaltern überließ. Alte Berichte erzählen immer wieder, wie in diesem oder jenem Dorf plötzlich ein Trupp Reiter erschien, der — mit Recht oder Unrecht — im Namen irgendeiner Obrigkeit das Vieh und die Menschen auf dem Dorfplatz zusam-

mentrieb. Die schönsten Tiere wurden ebenso ausgesucht wie junge kräftige Burschen und hübsche jungfräuliche Mädchen. Roh riß man ihnen die Kleider vom Leib, um sie auf Gesundheit und Körperfehler zu untersuchen. Dann band man ihnen die Hände auf den Rücken und führte sie davon; die Burschen wurden zu schwerer Sklavenarbeit angehalten, die Mädchen verschwanden für immer in den Frauenhäusern der Herren. Denn wenn auch Mohammed seinen Gläubigen nur vier Frauen zur gleichen Zeit gestattet hatte — und hier hatte Mohammed sogar die bisher bei den Arabern bestehende Vielweiberei beschränkt —, so war es für ihn und alle Muslims, wie die «Gläubigen» genannt wurden, selbstverständlich, daß man sich eine unbeschränkte Anzahl von Sklavinnen als Nebenfrauen halten konnte. Die Preise hübscher Mädchen konnten sehr hoch sein. So wurde im Jahr 912 in Bagdad eine Sängerin um 13 000 Dinare angeboten, und der Kronprinz Madhy kaufte etwa zur selben Zeit eine musikerfahrene Sklavin um 17 000 Dinare. Im übrigen war es in den islamischen Ländern Sitte, daß die Sklavin, die ihrem Herrn ein Kind geboren hatte, nie mehr verkauft werden durfte. Da der Unterschied zwischen ehelichen und unehelichen Kindern nicht bestand, konnte auch der Sohn einer Sklavin das Erbe seines Vaters antreten und sogar ein mächtiger Kalif oder Sultan werden.
Aber ist es trotzdem ein Wunder, daß sich das Volk des Libanon immer tiefer in seine Bergwildnis zurückzog und immer einsamer wurde, so daß die Verbindung mit den Zentren des christlichen Lebens fast völlig abriß?

Die Maroniten

Die Bewohner des Libanon gehörten seit Urzeiten zum semitischen Teil der Menschheit. Die islamisch-arabische Herrschaft brachte zwar neue Bevölkerungselemente in das Land, rottete aber die Ansässigen nicht aus. So blieb der Libanon die Heimat der Syrer und der durch die Oströmer in der Gegend angesiedelten Mardaiten. Diese stammten aus den Bergen des Taurus (in Kleinasien), galten als kühne und verwegene Krieger und sollten — allerdings ohne die Aufgabe erfüllen zu können — die Grenzwacht der Oströmer gegen den vordringenden Islam bilden. Ihnen und ihrer tapferen Gegenwehr war es aber dennoch zu danken, daß die Araber auf ihren Eroberungszügen um die Gebirge des Libanon einen Bogen machten. Die Bewohner der Gegend genossen so trotz der Herrschaft der neuen Eroberer eine halbe Unabhängigkeit, wenn auch nicht dem Völkerrecht nach.

Im Oströmischen Reich gab es zu dieser Zeit schwere religiöse Auseinandersetzungen. So wie sich der Patriarch von Konstantinopel mit Hilfe der oströmischen Kaiser gegen den Primat des Papstes in Rom stellte, bis es endlich 1054 zur folgenschweren Trennung zwischen der abendländischen, römisch-katholischen und der morgenländischen orthodoxen Kirche kam, so wehrten sich andere christliche Bischöfe und Gemeinden im Oströmischen Reich gegen die geistige Vorherrschaft des Patriarchen von Konstantinopel. Eine Vielfalt christlicher Glaubensgemeinschaften entstand, die sich hart befehdeten. Meist ging es um die Frage der göttlichen und menschlichen Natur unseres Heilandes Jesus Christus. So behauptete Nestorius (Bischof von Konstantinopel 428—431 n. Chr.), daß sich der Gott Christus nur eines menschlichen Körpers bedient habe und daß deshalb der Mutter des Heilandes nur der Name «Christusgebärerin» und nicht «Gottesgebärerin» zukomme. Die Lehre des Nestorius wurde auf dem Konzil von Ephesus 431 verurteilt und Nestorius als Patriarch von Konstantinopel abgesetzt. Aber die Anhänger des Nestorius hielten an dessen Lehren fest und so entstand eine nestorianische Kirchengemeinschaft, die im Mittelalter in Asien eine große Bedeutung gewann und Mission bis nach China trieb. Eine andere Richtung war die der Monophysiten, die nur eine einzige Natur in Christus annahmen: die göttliche Natur habe die menschliche verdrängt. Auch die Monophysiten wurden verurteilt, nachdem ihre Lehre zeitweise sogar am oströmischen Kaiserhof Eingang gefunden hatte. Sie waren es, die beim Eindringen der Araber in das Oströmische Reich sich allzurasch diesen unterwarfen; im Kampf mit der Kirche von Konstantinopel suchten sie vor der Verfolgung bei den Arabern Schutz. Ihre Gegner waren die *melkitischen* Christen, «Kaiserliche» — das heißt nämlich «melkitisch» — genannt, weil sie am Glauben der Patriarchats-Kirche von Konstantinopel — damals noch mit Rom verbunden — festhielten. Eine weitere Spaltung unter den Ostkirchen entstand durch den sogenannten *Monotheletismus*, der den Gegensatz zwischen der katholischen und konstantinopolitanischen Auffassung von zwei Naturen (der göttlichen und der menschlichen) auf der einen Seite und der Auffassung der Monophysiten dadurch überbrücken wollte, daß er wohl zwei Naturen, aber nur einen einzigen Willen im Gottmenschen Christus behauptete. Auf dem Ökumenischen Konzil zu Konstantinopel wurde der Monotheletismus im Jahr 681 als Irrlehre verurteilt. Aber eine Reihe von Ostchristen hielten an ihm fest. Eine weitere, mehr praktische Frage entzweite dann durch fast hundert Jahre die Christen im Osten. Es war der große Bilderstreit, der zu schweren Auseinandersetzungen im Oströmischen Reich führte. Da der Islam es ablehnte, Bilder Gottes und seiner islamischen Heiligen zu dulden, meinte der oströmische Kaiser Leo III. (717—741), er könne vielleicht die Streitigkeiten unter den Christen beenden, ja sogar eine Versöhnung mit den Juden und den Anhängern Mohammeds herbeiführen, wenn er die Bilder aus den Kirchen entfernen ließe. Ein Teil der Bischöfe, vor allem die Bischöfe in Kleinasien, unterstützte das Bestreben des Kaisers. Anhänger der Bilderverehrung waren vor allem die Mönche. In jahrzehntelangen Kämpfen tobte sich die Leidenschaft auf beiden Seiten aus. So wurden damals die beiden Brüder Theodoros und Theophanes aus Palästina, Anhänger der Bilderverehrung, in der Weise gemartert, daß man ihnen bilderfeindliche Verse mit glühenden Eisen auf die Stirne eindrückte. Sie erhielten darnach den Beinamen «Graptoi» (die Beschriebenen). Mit der Thronerhebung des dreijährigen Kaisers Michael III. (842—867) siegten die Bilderfreunde. Schon im März 843 proklamierte eine Synode unter dem Einfluß der Vormünder des jungen Kaisers die Wiederherstellung der Bilderverehrung.

Seitdem feiert die griechisch-orthodoxe Kirche am ersten Fastensonntag jedes Jahres das «Fest der Rechtgläubigkeit» zur Erinnerung an die siegreiche Beendigung des großen Kampfes. Erst im September 1971 fanden in Wien zum erstenmal nach über tausend Jahren wieder Gespräche zwischen Rom und diesen sog. «altorientalischen» Kirchen statt.

Eine der christlichen Glaubensgemeinschaften, die sich in jenen Jahrhunderten bildete, war die der Maroniten im Libanon. Ihr Ursprung ist auch heute noch in Dunkel gehüllt. Sie führt ihren Ursprung auf einen heiligen Einsiedler namens Maron zurück, der zu Beginn des fünften nachchristlichen Jahrhunderts lebte und der vor dem Jahr 423 starb. Wir kennen ihn aus einem Brief des heiligen Johannes Chrysostomus. Maron gab aber der maronitischen Kirche nicht mehr als seinen Namen. Im sechsten Jahrhundert gab es ein diesem heiligen Maron geweihtes Kloster zwischen den Orten Apamea und Emesa gelegen, das sich in den Glaubensstreitigkeiten auf die Seite der Rechtgläubigkeit stellte und schwere Kämpfe gegen die Nestorianer und Monophysiten auszufechten hatte, während der es viele Martyrien seiner Insassen gab. Ein Abt dieses Klosters, namens Johannes Maron, wurde während einer Sedisvakanz (eines Nichtbesetztseins) des Patriarchensitzes von Antiochia von den Maroniten zwischen 636 und 742 (wir kennen das genaue Jahr nicht) zum Patriarchen von Antiochia gewählt. Er ist der wirkliche Gründer der maronitischen Kirche. Die maronitischen Kirchengeschichtsschreiber sind stolz darauf, daß sie immer rechtgläubig waren und sich nie von Rom getrennt hätten. Diese

Behauptung wird allerdings von nicht-maronitischer Seite bestritten. Man glaubt festgestellt zu haben, daß das maronitische Christentum zeitweise zwar nicht dem Monophysitismus wohl aber dem Monotheletismus anhing. Tatsächlich enthält ein Manuskript, das sich noch knapp nach dem Zweiten Weltkrieg in einer Privatbibliothek in Damaskus befand und aus dem Jahr 1068 der Hedschra (der islamischen Zeitrechnung, die mit der sogenannten «Flucht» Mohammeds von Mekka nach Medina im Jahr 622 beginnt) datiert ist, aber auf ältere Vorbilder zurückgeht, eine Abschwörungsformel für Maroniten, in der neben anderen Sätzen auch folgende vorkommen: «Ich lehne den Glauben der Maroniten ab ... Ich bekenne in voller Aufrichtigkeit, daß unser Herr Jesus Christus der Eine aus der Heiligsten Dreieinigkeit ist, der einzige Sohn bekannt in zwei Naturen, in zwei einander nicht widerstrebenden Willen und in zwei Energien nach der hypostatischen Union, ohne Trennung, ohne Verwandlung, ohne Vermischung ... Ich glaube an die sieben Konzile und all das, was die heilige Kirche von der Überlieferung der heiligen Kirchenväter erhalten hat; ich rufe mit lauter Stimme: ‚Ausgestoßen und verflucht seien alle Maroniten! Verflucht seien alle, die den Glauben der orthodoxen Kirche ablehnen! Wer den Glauben der orthodoxen Christen nicht bekennt, sei verflucht!'»
Dieses Abschwörungszeugnis für Maroniten sagt allerdings auch nichts Endgültiges über diese Glaubensgemeinschaft aus. Es entstand ja erst, als die Zwistigkeiten zwischen der lateinischen Kirche und dem Patriarchatssitz von Konstantinopel immer

Erläuterungen zu den Photos:

Seite

49: Etwa dreißig Kilometer südöstlich vom Geburtsort von Scharbel Machluf befindet sich das weltberühmte Baalbek, nach der Eroberung durch Alexander den Großen, Heliopolis, Sonnenstadt, genannt; von den Römern zur größten Tempelstadt ausgebaut, wohin die Völker des ganzen Vorderen Orients pilgerten, um hier die Götter zu verehren.

Baalbek liegt rund hundert Kilometer nördlich von Nazareth. Damals, als Jesus in Nazareth heranwuchs, bauten hier die Römer auf elfhundert Meter Höhe zwischen Libanon und Antilibanon die gewaltigste Akropolis der heidnischen Welt, deren Größe heute noch die Bewunderung aller Besucher erregt.

Die Photo auf Seite 49 zeigt das Pantheon, den Platz der Opfernden. In der Mitte steht der große Altar. Auf dem Plateau dieser Altäre fanden die Dachopfer statt, von denen die Heilige Schrift berichtet

50: Säulenreihe in Tyrus am Mittelländischen Meer, wo sich auch Christus mit seinen Aposteln aufgehalten hatte. Die alten phönizischen Städte Sidon und Tyrus liegen im heutigen Libanon.

51: Hafeneinfahrt in Byblos, der uralten phönizischen Stadt, von wo aus man das Maronitenkloster St. Maron in Annaya erreicht, wo Scharbel Machluf gelebt hat.

52: St. Maron, ein Freund des hl. Chrysostomus, der Begründer der mit Rom unierten maronitischen Kirche.

53: Die Zedern des Herrn, jahrtausendalt, deren Holz nie fault, werden von der Bibel besungen als Sinnbild für Schönheit und Kraft. Von den Zedern des Libanon liess König Salomon den Tempel in Jerusalem erbauen.

54: Junger Novize im Kloster «Notre-Dame» im libanesischen Nisbay-Ghoska während der Vesper. So ähnlich mag Scharbel Machluf als Novize ausgesehen haben.

55: Fassade des Klosters St. Maron in Annaya.

56: Das Libanon-Gebirge im Winter.

57: Blick auf die Einsiedelei «St. Peter und Paul», wo Scharbel Machluf viele Jahre lang ein aszetisches Leben führte.

58: Gegend östlich von Byblos, in deren Nähe Scharbel Machluf in der Einsamkeit lebte.

59: Hier strömen Pilger aus aller Welt zum Kloster St. Maron in Annaya zum Grab des seligen Scharbel Machluf.

60: Oben: Eingang zum Grab.
Unten: Hier werden die Krücken aufbewahrt, die die geheilten Kranken zurückgelassen haben.

61: Übertragung des Sarges des seligen Scharbel Machluf nach der Ausgrabung im Jahre 1952.

62: In diesem durch eine Glasplatte abgeschlossenen Sarg befindet sich der unverweste Leib des Seligen.

63: Zwei Szenen von der Seligsprechung Scharbel Machlufs im Petersdom am Schluß des Zweiten Vatikanischen Konzils durch Papst Paul VI.

64: In unmittelbarer Nähe des Grabes wird gegenwärtig diese imposante Kathedrale erbaut.

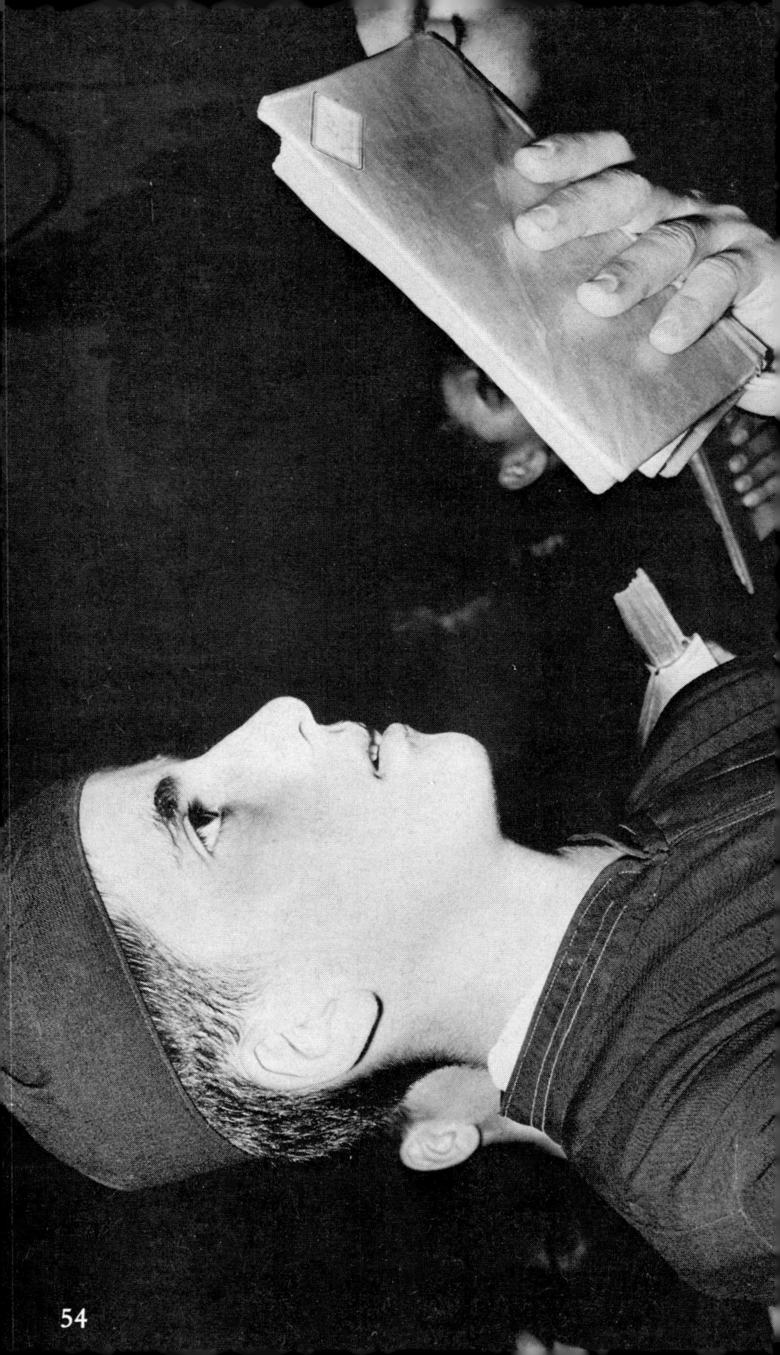

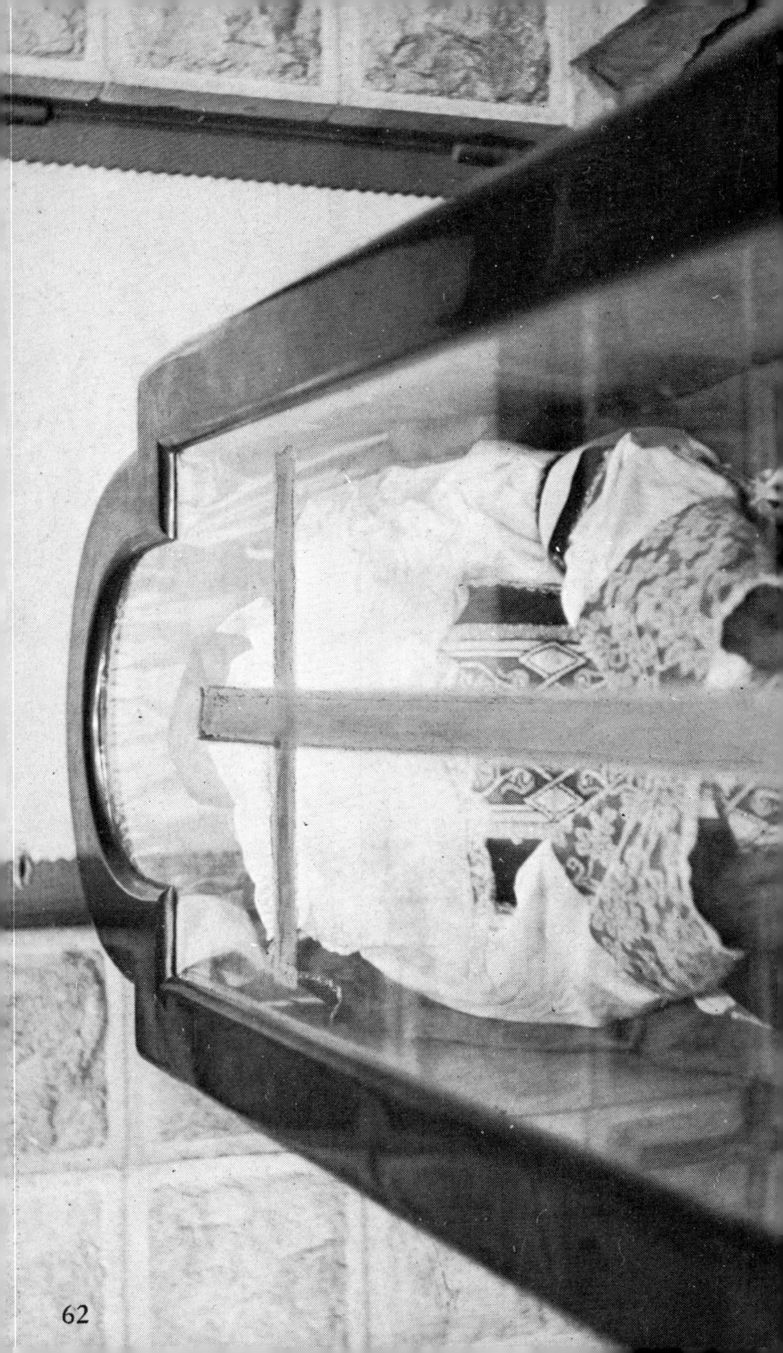

stärker geworden waren. Nach der Auffassung der Kreuzfahrer aus dem Abendland, die seit der Eroberung Jerusalems durch Gottfried von Bouillon am 15. Juli 1099 im Heiligen Land saßen, gehörte die maronitische Kirche vom Jahre 1181 an zu den mit Rom unierten Kirchengemeinschaften des Ostens. Dies bezeugt der Geschichtsschreiber Wilhelm von Tyrus. Die Maroniten schlossen sich zu jener Zeit eng an die lateinischen Kreuzfahrer an. Die Gesetzbücher des christlichen Königreiches Jerusalem zeugen für diese Zusammenarbeit: lateinische und maronitische Priester zelebrierten das Meßopfer gegenseitig in ihren Kirchen, auf denselben Altären, in den gleichen liturgischen Gewändern. In der Wertung der in den Kreuzfahrerstaaten lebenden Völkerschaften kamen die Maroniten an zweiter Stelle gleich hinter den lateinischen Christen, vor allen anderen Christen des Morgenlandes. Sie wurden auch in die abendländische Gesellschaft aufgenommen und erhielten die gleichen gesellschaftlichen und gesetzlichen Privilegien wie die lateinischen Christen. Die maronitischen Patriarchen nahmen in der Zeit der Kreuzzüge auch an den großen Kirchenversammlungen der lateinischen Christenheit teil: so erschien der maronitische Patriarch Jeremias (1183—1230) auf dem Vierten Laterankonzil in Rom 1215 und erhielt hier von Papst Innozenz III. die Bulle «Quia divinae sapientiae». In ihr lud der Papst die Maroniten ein, sich völlig den Gebräuchen und Riten der lateinischen Kirche anzupassen. P. Philipp, der Prior der Dominikaner im Heiligen Land, schrieb im Jahr 1237 an den Papst Gregor IX.: «Die Maroniten, die im

Libanon wohnen, sind schon lange zur Kirche zurückgekehrt und verharren im Gehorsam zu ihr.» Die Bulle des Papstes Innozenz III. an die Maroniten wurde übrigens von den Päpsten Alexander IV. (1254—1261) und Nikolaus III. (1277—1280) erneuert.

Schwieriger, ja fast unmöglich wurde die Verbindung der Maroniten mit der abendländischen Christenheit, als die Kreuzfahrerstaaten zugrundegegangen waren und Palästina und der Libanon wieder unter islamische Herrschaft geraten waren. Die sogenannten «Mamelukensultane» von Ägypten versuchten jede Verbindung der Christen ihres Gebietes mit Rom zu unterbinden. Tatsächlich finden wir Maroniten erst wieder auf dem Konzil von Florenz (1439—1442), auf dem eine — leider nur kurz bestehende — Wiedervereinigung der morgenländischen Christen mit Rom zustandekam. Zu dieser Zeit hatten sich die Maroniten unter der neuen islamischen Herrschaft bereits wieder eine gewisse Autonomie und Selbstregierung in den Bergen des Libanon erstritten. So konnte es immerhin vorkommen, daß wir im 17. Jahrhundert einem Jesuitenpater aus einem maronitischen Geschlecht begegnen. Es war dies P. Peter Moubarac (1663—1742). Er stammte aus einer tief religiösen Familie. Seine beiden Brüder wurden Bischöfe. Sein Vater zog sich nach dem Tod seiner Gemahlin in das Kloster von Rayfoun zurück und wurde dessen Abt. P. Moubarec wurde im Alter von zehn Jahren nach Rom gesandt und besuchte das dortige Maronitische Kolleg. An der Jesuiten-Universität erhielt er dann die Doktorwürde und kehrte im Dezember 1685 mit

23 Jahren in seine Heimat zurück. Der Patriarch Stephan-ed-Douaihy († 1704), der Vater der libanesischen Geschichtsschreibung, übertrug P. Moubarec die Betreuung des Archives. Später sandte man ihn als Vertreter der maronitischen Kirche nach Rom, wo er in zähen Verhandlungen innerhalb von zwei Jahren Fragen löste, die schon lange spruchreif gewesen waren. Bevor er jedoch wieder nach dem Libanon zurückkehren konnte, wurde er von Großherzog Cosimo III. von Florenz (1670 bis 1723) in seine Hauptstadt berufen, um dort die orientalische Abteilung der großherzoglichen Bibliothek in Ordnung zu bringen. P. Moubarec war zu dieser Aufgabe besonders befähigt, da er außer dem Arabischen auch fließend das Syrische, das Lateinische und das Griechische beherrschte. Welcher Wertschätzung sich P. Moubarec erfreute, zeigt ein Brief des Kardinals Angelo Maria Querini an Papst Clemens XII. (1730—1741). In ihm heißt es: «Eine innige Freundschaft verband mich mit P. Peter Moubarec aus der Zeit, da er Professor der Heiligen Schrift an der Universität von Pisa war; als ich damals noch die Mönchstracht in Florenz trug, hatte ich keine größere Freude, als wenn ich diesem in allen Wissenschaften hervorragendem Mann, besonders bekannt durch seine Kenntnis der orientalischen Sprachen, im Kloster Gastfreundschaft gewähren konnte.» P. Peter Moubarec trat am 3. November 1707 in den Jesuitenorden ein und wurde zwei Jahre später Mitglied der päpstlichen Kommission zur Prüfung der griechischen Ausgabe der Heiligen Schrift. Kardinal P. Franz Retz übertrug dem Maronitenjesuiten die Übersetzung der

syrisch geschriebenen Werke des heiligen Ephraïm des Syrers (306—373), deren erster Band nach zwölfjähriger Arbeit erschien. P. Moubarec starb im Alter von achtzig Jahren am 8. September 1742.

P. Moubarec war nicht der einzige maronitische Christ und Priester, der bewies, daß auch das maronitische Christentum seinen Anteil am Leben der gesamten katholischen Kirche nahm. Char'alli, im Jahr 1716 zum Bischof von Beirut gewählt, nachdem er jahrelang Abt im Libanon gewesen war, wurde der Reformator des maronitischen Klosterwesens. Als er den Bischofsstab ergriff, schrieb er: «Ich war sowohl traurig wie fröhlich; traurig, weil ich mich von meinen Ordensbrüdern und von den Regeln des Ordens trennen mußte, fröhlich, weil ich daran dachte, daß ich ihnen in meiner neuen Stellung mehr nützen könne.» Char'alli führte einen jahrelangen Kampf mit Gegnern der Reform. Einen Kommentar zur neuen Konstitution der Mönche des Libanon gab er den Titel: «Die Lampe des Mönchs in der Erklärung der Regeln der libanesischen Ordensleute.» Char'alli hatte diesen Kommentar auf Wunsch seiner Mitbrüder, die ihm wegen seiner anerkannten Weisheit den Auftrag dazu gegeben hatten, selbst geschrieben. Insbesonders war Char'alli der Meinung, man müsse den jungen Mönchen die Möglichkeit geben, ihr Noviziat im Orient zu machen. Er schrieb darüber, und diese Feststellungen sind auch noch heute gültig: «Die in Rom ausgebildet wurden und die dann im Orient arbeiten, sind nur selten dazu geeignet. Das aus zwei Gründen: zuerst einmal ist das Leben im Orient

hart, verglichen mit dem in Rom; wer sein Noviziat in Rom gemacht hat, wird später seinem Vorgesetzten viel aufzulösen geben. Der zweite Grund liegt darin, daß derjenige, der seine Studien in Rom gemacht hat, daraus einen Komplex bezieht, der es ihm schwer macht, wenn er einmal im Orient ist, einem Oberen aus diesem Land zu gehorchen. Das kommt davon, daß er den Charakter der Einheimischen zu wenig kennt und auch aus anderen psychologischen Gründen. Es ist also die tägliche Erfahrung bezüglich derer, die in Rom studiert haben und dann im Orient arbeiten. Dagegen sind diejenigen, die das Noviziat im Orient machen, viel leichter in Disziplin zu halten.» Char'alli hatte die Genugtuung, daß der Heilige Stuhl seine Ausführungen akzeptierte und entschied, daß jeder, der in den Orden der libanesischen Mönche eintreten wolle, sein Noviziat im Orient machen müsse. Das maronitische Kolleg in Rom werde nur noch fertige und dem Noviziat entwachsene Mönche aufnehmen. Char'alli konnte auch die endgültige Bestätigung seiner Regel durch den Heiligen Stuhl in Rom am 31. März 1732 erleben. Wesentliche Hilfe hatte ihm dabei sein Freund P. Sim'ani geleistet, der später als Kardinal Assemani auch in Europa bekannt wurde. Char'alli selbst, den man als den großen Erneuerer des Mönchslebens im Libanon zu betrachten hat, starb am 6. Januar 1742.
Zuletzt wollen wir noch auf einen heiligmäßigen Mönch zurückkommen, den wir als den unmittelbaren Vorläufer von P. Scharbel Machluf betrachten können. Er ist dies P. Nematalla (1808—1858). Er war der Sohn eines einfachen Mannes, namens

Gerjis (Georg) Kassah, der seine Kinder in Frömmigkeit und Gottesliebe erzog. Der junge Jussef (Joseph), wie P. Nematalla getauft worden war, fühlte sich von Kindheit an zum geistlichen Beruf hingezogen. Sein Vater sandte ihn trotz des schmalen Einkommens in eine in der Nähe befindliche Klosterschule, wo der kleine Jussef fließend Arabisch und Syrisch lesen lernte. Lange Zeit half er dann seinem Vater bei der Bestellung des Ackers und in anderen Verrichtungen. Aber die Sehnsucht nach dem Kloster verließ ihn nicht. Im Alter von zwanzig Jahren hielt es ihn nicht mehr länger daheim; er ließ sich im Kloster von Cozaya als Novize aufnehmen. Der Generalobere, damals P. Ignatius Bolaibel, erkannte die Berufung des jungen Mannes und nahm ihn gern auf. Schon von der ersten Stunde seines Noviziates an war Jussef, der den Ordensnamen Nematalla erhalten hatte, allen seinen Mitbrüdern ein Vorbild. Er verbrachte ganze Nächte betend in der Kirche. Die besondere Verehrung P. Nematallas galt dem Allerheiligsten Altarssakrament. Immer wieder kniete er vor dem Allerheiligsten und verließ es nur auf ausdrückliche Anordnung seines Obern. Im Jahr 1830 legte er die ewige Mönchsgelübde in die Hand des Abtes Macarios ab. Man sandte ihn nunmehr in das Kloster des heiligen Cyprian nach Kfifane, damit er sich die notwendige Bildung aneigne, die ihm die Weihe zum Priester ermögliche. Skrupel, ob er des Priesteramtes würdig sei, ließen P. Nematalla das Studium unterbrechen. Dann aber warf er sich mit neuer Kraft und neuen Hoffnungen darauf und vollendete es mit Auszeichnung. So konnte er im Jahr 1833

die Priesterweihe aus der Hand des maronitischen Patriarchats-Vikars, Mgr. Simon Zouaine, empfangen. Er lebte nach der Ansicht aller, die ihn kannten, mehr als Engel denn als Mensch. Sein Hauptanliegen galt der würdigen Feier des heiligen Meßopfers. Jedes Mal, ehe er an den Altar trat, pflegte er sich in Betrachtung zu versenken und sich durch geistliche Lektüre und Gebete vor dem Altarssakrament auf das Opfer vorzubereiten. Täglich machte er eine gründliche Gewissenserforschung. Eine große Verehrung brachte er der Muttergottes entgegen. Um sich für das Meßopfer würdig vorzubereiten, fastete er, ohne einen Bissen zu sich zu nehmen, bis Mittag, und hielt dieses Fasten selbst an Sonn- und Festtagen während der 25 Jahre bei, die er im Priesterstand verbrachte.
Aus einer Gemeinschaft solcher Männer kam auch P. Scharbel Machluf.

Scharbel Machlufs Jugend

Am Fuße des hohen Bergrückens Fam-el-Meizah, im Libanongebirge, liegt in der Höhe von 1600 m über dem Meeresspiegel das kleine Maronitendörflein Biqa'kafrah. Wenn man von den umliegenden Höhen auf die Ortschaft herabsieht, glaubt man sich in der Schweiz oder im Tirol. Die kleinen Häuser ducken sich an den Abhängen zusammen und drängen sie wie die Rinder um die Leitkuh, wenn es von der Alm in das Tal zurückgeht. In der näch-

sten Nähe des Dörfleins erheben sich die mächtigen Zedernwälder, der Stolz der Libanesen. Die Bewohner von Biqa' kafrah sind fast alle miteinander verwandt und gehören zum großen Teil der Sippe der Machlufs an.
Zu Beginn des 19. Jahrhunderts lebte ein Kleinbauer in diesem Dorf. Er hieß Antoun Zaarour Machluf und war mit Brigitta, der Tochter des Elias Jacob Chidyak aus der Stadt Bicharri verheiratet. Aus der Ehe dieser armen, arbeitsamen und gottesfürchtigen Menschen gingen fünf Kinder hervor: die Söhne Hanna, Bichara und Jussef (Joseph) und die Töchter Kuna und Wardah. Der jüngste Sohn Jussef wurde um 1828 geboren. Als er in der Wiege schrie und strampelte, ahnte niemand aus der ganzen Umgebung, daß ein großer Diener Gottes geboren worden war. Gott aber sandte der Familie Machluf gleich nach der Geburt Jussefs schweres Leid: am 8. August 1831 starb der Vater und Ernährer. Die Sorge für den Lebensunterhalt und die Vormundschaft über die minderjährigen Buben und Mädchen übernahm der Onkel der Kinder, Thanios Zarour Machluf. Dem kleinen Jussef wurde der Tod des Vaters längere Zeit verheimlicht, und er scheint tatsächlich eine Weile lang keine Ahnung davon gehabt zu haben. Der neue Vormund nahm übrigens seine Pflichten sehr ernst. Er war ein braver, arbeitsamer und gottesfürchtiger Mann und gab der ihm anvertrauten kleinen Schar nicht nur das tägliche Brot und die notwendige Kleidung, sondern auch eine echte christliche Erziehung. Der junge Jussef dankte ihm am meisten dafür. Schon in den Kinderschuhen begeisterte er sich für das mönchische

Leben. Als Vorbilder hatte er zwei Onkel mütterlicherseits. Augustin und Daniel Chidyak, die beide in der Einsiedelei des Quzhaya-Klosters lebten.
Sein sehnlicher Wunsch, das Mönchsgewand anzuziehen, ging aber in der Jugend noch nicht in Erfüllung. Sein Vormund widersetzte sich dem ständigen Drängen des jungen Jussef, ihm den Eintritt in ein Kloster oder in eine Einsiedelei zu gestatten. Vielleicht waren die unruhigen Zeiten schuld daran, denen der Libanon in diesen Jahren entgegenging.

Noch ein Kapitel Geschichte

Der Libanon gehörte in der Jugendzeit von Scharbel Machluf formell zum Reich des türkischen Sultans, der in Konstantinopel residierte. Aber seit Jahrhunderten lebte das Land in halber Unabhängigkeit. Schon sehr früh gab es ehrgeizige Statthalter, kühne Truppenführer und unbefriedigte Abenteurer, die sich auf irgendeine Weise eigene Herrschaften schaffen wollten. Die Unfähigkeit späterer Sultane trug dazu bei, daß es manchem kühnen Mann gelang, sich wenigstens eine Zeitlang als unabhängiger Herrscher zu behaupten.
Dies war auch im Libanon der Fall. Es ist jetzt an der Zeit, von jenem Bevölkerungsteil des Landes zu reden, der neben den christlichen, mit Rom unierten Maroniten eine politisch bedeutsame Rolle

spielte; wir meinen die *Drusen.* Aus ihren Reihen gingen später die Führer im Kampf für die Unabhängigkeit des Libanon hervor. Der Name «Drusen» stammt vom Gründer ihres Glaubens, einem gewissen Darazi, der eigentlich Mohammed ben Ismael geheißen haben soll und ein Perser war. Darazi lebte und lehrte seit 1017 in Ägypten. Seine Predigten standen im schroffen Gegensatz zur offiziellen Lehre des Islams. So behauptete er, der damals regierende ägyptische Kalif Hakim (996 bis 1021) sei die Verkörperung des allmächtigen Gottes. Kalif Hakim ließ sich diese Vergöttlichung gern gefallen, aber die Lehre Darazis erregte unter der Bevölkerung allgemeinen Unwillen. Darazi soll außerdem im Gegensatz zu den Lehren Mohammeds die Erlaubtheit des Weingenusses, der vom islamischen Glauben verbotenen Ehen und die Seelenwanderung gelehrt haben.

Die Drusen, die Darazis Lehren anerkennen, werden aber von den europäischen Forschern nicht bloß als religiöse Gemeinschaft, sondern auch als ein volksmäßig eigenes Gebilde betrachtet. Möglicherweise sind sie Überreste alter Völker, die sich vor den Verfolgungen in die Gebirge geflüchtet haben. Während der Kreuzzugszeit betrachtete man sie als Nachkommen der Ituräer, die von Alexander dem Großen gezwungen worden sind, sich in die unwegsamen Gebirge zurückzuziehen. Im 17. Jahrhundert wollte man in ihnen Nachkommen jener europäischen Christen sehen, die dem Gemetzel von St. Jean d'Acre entrommen waren, als der ägyptische Sultan Ashraf 1291 diese letzte, den Kreuzfahrern gehörende Stadt eroberte. Das kann zwar nicht stimmen, da die Drusen schon aus einer früheren Zeit bekannt sind, aber es trifft sich mit der Behauptung der späteren Drusenfürsten, daß sie Nachkommen Gottfrieds von Bouillon seien, der 1099 Jerusalem für die Christen eroberte. Es ist drusische Gewohnheit, sich Christen gegenüber als Christen, Muslims gegenüber als Muslims auszugeben. Die Drusen sind ein stolzes und kriegerisches Volk, dessen Stärke im Jahr 1842 auf 140 000 Menschen, darunter 50 000 waffenfähige Männer geschätzt wurde. Die Religion der Drusen ist dem gewöhnlichen Volk nur wenig bekannt, sondern mehr oder weniger eine Geheimlehre, die nur Auserwählten zugänglich gemacht wird. Die breite Masse der Drusen glaubt an die Seelenwanderung: die guten Menschen kehren in ihren Kindern, die schlechten in den Körpern von Hunden wieder auf die Erde zurück.

Die beiden bedeutendsten Drusenfürsten waren *Fakhr-ed-Din* und *Bashir II. der Große.* In seiner Jugend mußte Fakhr-ed-Din nach der Ermordung seines Vaters aus der Heimat flüchten und fand bei einer christlichen Maronitenfamilie Zuflucht. Nach seiner Rückkehr in die Heimat wurde er der erbittertste Gegner der Türken und bekämpfte sie mit einer Armee von 40 000 Mann. Er befriedete den Libanon, sorgte für Straßen, für Handel und Verkehr und öffnete den Europäern die Häfen Saida und Beirut. Die Türken erkannten die Gefahr, die von Fakhr-ed-Din ihnen drohte. Nach schweren Kämpfen mußte der Drusenfürst kapitulieren. Man brachte ihn nach Konstantinopel und richtete ihn dort hin.

Die Fortsetzung der Politik von Fakhr-ed-Din übernahm der Emil Bashir II. Er kam im Alter von 22 Jahren zur Regierung und zeigte sich schon in seiner Jugend als ein Mann, der starke Willenskraft mit diplomatischem Geschick verband. Er warf jeden Widerstand nieder und vereinigte das Volk des Libanon unter seinem Szepter. Das Straßennetz wurde ausgebaut, Brücken erleichterten den Verkehr. Seine Rechtspflege war gerecht und kraftvoll. Als großer Freund der Schönheit baute Bashir II. einen Palast in Beit-Edin, dessen wunderbare Säulenhallen, prachtvolle Empfangsräume und herrliche Treppen ihn weithin als «Weltwunder» erscheinen ließen. Bashir II. schloß sich dann dem Vizekönig Mehemet Ali von Ägypten an, der kriegerisch gegen den Sultan zu Felde zog. Scharbel Machluf war gerade drei Jahre alt, als die Ägypter im Libanon einrückten und die Städte Saida und Beirut besetzten. Das türkische Heer, das das weitere Vordringen der Ägypter und ihrer libanesischen Verbündeten aufhalten sollte, stand in der Nähe von Homs. Die Bewohner des Libanon konnten von den Höhen der Berge aus die gegeneinander aufmarschierten Truppen beobachten.
Die Herrschaft der Ägypter im Libanon dauerte bis zum Jahr 1840. Dann zwangen Großbritannien, Frankreich und Österreich den ägyptischen Vizekönig zum Rückzug. Eine vereinigte englisch-österreichische Flotte erschien an der Küste Syriens. Erzherzog Friedrich erstürmte mit den Österreichern die Stadt Saida. Der kleine Joussef war damals dreizehn Jahre alt. Aber mit dem Rückzug der Ägypter begann im Libanon eine Zeit der Wirren

und Verfolgungen. Jahrhundertelang hatten die christlichen Maroniten mit den Drusen in Freundschaft und Frieden gelebt. Jetzt gelang es den türkischen Behörden, die wieder nach Syrien zurückgekehrt waren, die Drusen gegen die Maroniten aufzuhetzen. Gemeinsam fielen Türken und Drusen über die Christen des Libanon her. Diese verteidigten sich mit allen ihnen zur Verfügung stehenden Mitteln. Sie siegten zuerst, aber dann fielen die sogenannten Hawran-Drusen über sie her, die im Namen des türkischen Sultans zu handeln vorgaben. In diesem Augenblick wurde der Drusenfürst Bashir II. von den Türken beseitigt und durch einen türkischen Gouverneur ersetzt. Abermals mischten sich die europäischen Mächte zugunsten des Libanon ein. Die Organisation, die man dem Gebiet geben wollte und nach der sowohl die Muslims und die Drusen wie die christlichen Maroniten eigene Verwaltungen erhalten sollten, setzte sich nicht durch. Am 30. April 1845 begann wieder das Morden. Mit Unterstützung der Türken fielen die Drusen über die Maroniten her; tausende Christen wurden erschlagen, Knaben wurden entmannt, Mädchen und junge Frauen vergewaltigt und in die Sklaverei geschleppt. Als Folge dieser neuerlichen Ausschreitungen wurden auf Grund von Verhandlungen die Bezirke der Drusen und der Maroniten getrennt. Es sollte ein drusischer und ein christlicher Statthalter gemeinsam amtieren, ihnen sollten zwei Ratsversammlungen zur Seite stehen, eine mit einem christlichen, die andere mit einem drusischen «Emir» an der Spitze. Diese Ratsversammlungen bestanden aus je zehn Mitgliedern:

zwei Drusen, zwei Maroniten, zwei melkitischen Christen, zwei Griechen und zwei Muslims. Die Christen waren mit sechs Mitgliedern gegenüber vier anderen in der Mehrzahl. Da die Drusen damit nicht einverstanden waren, begannen die blutigen Auseinandersetzungen und gegenseitigen Metzeleien 1860 von neuem. Als dies in Europa bekannt wurde, sandte die französische Regierung Truppen nach dem Libanon und beendete das Blutbad. Die Schuldigen wurden bestraft. Eine internationale Kommission traf eine endgültige Regelung. Man bildete einen Verwaltungsrat aus zwölf Mitgliedern, von denen drei Drusen sein sollten.
Durch die europäische Intervention war zwar der Friede zwischen Drusen und Maroniten wiederhergestellt worden, aber jetzt begannen die Drusen einen bewaffneten Aufstand gegen die türkischen Behörden. Er dauerte von 1879 bis 1896. Erst in diesem Jahr gelang es den Türken, die Drusen wieder unter ihre Herrschaft zu beugen. Aber schon wenige Jahre später gewannen die Drusen zur Zeit der türkischen Revolution von 1908 ihre Unabhängigkeit fast völlig zurück. Nach dem Ende des Ersten Weltkrieges wurde der Libanon zuerst französisches Schutzgebiet und erhielt im Jahr 1947 die volle Unabhängigkeit. An die alten Gegensätze zur Zeit der türkischen Herrschaft erinnert aber noch die Bestimmung in der Verfassung der heutigen Republik Libanon, nach der im Parlament den Christen und Nicht-Christen jeweils eine genau bestimmte Zahl von Abgeordnetensitzen zugeteilt ist; der Staatspräsident des Libanon muß stets maronitischer Christ sein. Der Präsident des Parlamentes

ist schiitischer und der Ministerpräsident sunnitischer Muslim.
Im Hinblick auf diese Ereignisse wird es vielleicht verständlich, daß der Vormund des kleinen Jussef es nicht gern sah, wenn sein Neffe den Wunsch aussprach, Mönch zu werden. War die christliche Bevölkerung des Libanon schon an und für sich gefährdet, so galt diese Gefährdung für den Mönch und Priester natürlich doppelt. Die Zukunft erschien in der Jugendzeit des späteren P. Scharbel Machluf für das maronitische christliche Volk völlig unsicher, düster und fast hoffnungslos.

Scharbel Machluf wird Mönch

Der Geist Gottes weht, wo er will. Der Ruf des Herrn ergeht an seinen Diener, und er holt ihn mitten aus der Welt heraus: von der Bühne des Theaters, aus der Schule der Gelehrten, von der Drehbank, vom Kasernenhof oder vom Pfluge weg. Was vermochte darum am Ende die menschlich-kluge Besorgnis von Jussefs Vormund, der seinen Schützling nicht dem ungewissen und harten Los eines christlichen Mönches überantworten wollte? So brav, gehorsam und still sonst der Bub war, hier versagte er seinen Erziehern den Gehorsam. Eines Tages war Jussef aus dem Elternhause verschwunden. Er lief den Weg zum Bergkloster Annaya hinunter, 1200 m hoch, und klopfte an die Pforte. Den Vorsteher der Ansiedlung bat er um Aufnahme

in die Gemeinschaft betender und büßender Diener des allmächtigen Gottes.
Denn Beten und Büßen war schon das Ideal des jungen Jussef gewesen, als er die Herde auf den Abhängen des Libanon weidete. In der Lebensbeschreibung des heiligmäßigen Mannes wird berichtet, daß eines Tages in der Heimatgegend Jussefs ein fremder Mönch aufgetaucht sei, arm und elend, mit bloßen Füßen und zerrissener Kutte. Dieser Mönch erzählte dem staunenden Hirtenbuben von der Gnade völliger Armut, wenn man sein Los dem Willen des allmächtigen Gottes aufopfert. Jussef war gleich davon begeistert, so begeistert, wie heute ein junger Bursche vielleicht nur von einem Fußballänderkampf oder einem Motorradrennen begeistert ist. «Für mich ist das nichts», meinte er jedoch traurig, «ich bin zu jung dazu.»
«Du mußt dich nur dazu entschließen, unserm Heiland völlig zu folgen.»
«Arm bin ich ja», verteidigte sich Jussef, «wir haben alle nichts daheim, und außerdem bin ich ja bloß der Hirtenbub meines Onkels.»
Der Mönch aber unterwies ihn darin, daß auch der ärmste Mensch noch immer Dinge besitze, auf die er um Gottes Liebe willen verzichten könne: Gefühle, Leidenschaften, Wollen und Begehren. Hatte nicht Jussef gerade vorhin einem hübschen jungen Mädchen freundlich zugelächelt? Die Kleine war leichtfüßig, ebenfalls Ziegen an ihrer Seite, auf dem Pfad nach abwärts gestiegen, den der Mönch in die einsame Höhe heraufgestiegen war. Und er mahnte Jussef, sich ganz dem Willen Gottes anheimzugeben.

Das hatte er nunmehr getan. Er wollte es ganz tun. Darum machte es nichts aus, daß schon zwei Tage nach seiner Aufnahme im Kloster der Onkel und die Mutter vor der Pforte erschienen und ihren Sohn und Neffen zurückholen wollten. Er müsse doch Vernunft annehmen, meinte Onkel Thanios. Aber Jussef war nicht mehr von seinem Entschluß abzubringen. Die nächsten Verwandten mußten unverrichteter Dinge wieder heimkehren. Die Mutter war die erste, die den Willen Gottes mit ihrem Sohn erkannte und sich in diesen Willen fügte. «Gottes Wille soll geschehen», erklärte sie, als sie das Vergebliche ihrer Bemühungen eingesehen hatte.
Der junge Jussef aber blieb im Kloster Annaya zurück.

Im neuen Studium

Auch der Priester muß lernen. Auch der Mönch darf sich nicht bloß auf sein Gefühl verlassen, ohne in der Wissenschaft vom Glauben, der Theologie, unterrichtet zu werden. So mußte sich Scharbel Machluf nach seinem Eintritt in die Klostergemeinschaft von Annaya mit vielen Dingen beschäftigen, die ihm bisher unbekannt geblieben waren. Der Abt von Annaya wünschte, daß der junge Novize (Scharbel Machluf war bald nach seinem Eintritt in Annaya als «Novize», das heißt als regelrechter Aufnahmebewerber in den Orden, eingekleidet worden) ein ordentliches Studium aufnehme. Er sollte kein unwissender Mönch bleiben,

verachtet und verlacht von den Gegnern des Glaubens. Darum befahl er ihm, auf die Schule des heiligen Cyprian nach Kfifane zu gehen.
Der junge glaubenstreue Mönch gehorchte dem Befehl seines Oberen so eifrig, wie er den früheren Anordnungen nachgekommen war. Harte Arbeit hatte ihm nie etwas ausgemacht. Was scherte er sich darum, wenn er in aller Morgenfrühe aufstehen und Holz spalten und Feuer bereiten mußte! Was machte es ihm aus, wenn er auf den Feldern des Klosters pflügte und säte! Das war er ohnedies von daheim gewohnt. Selbst als der Abt eines Tages befahl, den jungen Jussef an Stelle eines Ochsen vor den Pflug zu spannen, zog Machluf willig und ohne Beschwer das Gerät durch das Feld. Er fand an dem Befehl des Abtes nichts besonderes: im Libanon mußte oft bei armen Familien, die sich keine Zugtiere leisten konnten, ein Glied der Familie dessen Stelle versehen. Hatten übrigens nicht die Muslims gefangene Christen unter Hohn und Spott gleichfalls vor den Pflug gespannt? Der Novize des Klosters zu Annaya nahm auch dies hin, als dem Willen Gottes angemessen, ihm durch den Abt und Oberen verkündigt.
In gleicher Weise hatte es ihm nichts ausgemacht, daß er auf karge Kost gesetzt worden war. Er mied den Fleischgenuß, seit dem er im Kloster weilte. Seine Nahrung bestand aus ein paar altbackenen Brotfladen, die keiner der Brüder mehr essen mochte. Das war Abtötung, und das war vollkommener Gehorsam, den er bei seinem Eintritt zu Annaya gelobt hatte. Und dabei fand er nichts Eigenartiges und Lobenswertes daran. Er hätte die

Augen groß aufgemacht, hätte er bemerkt, daß man um dieses Lebenswandels willen schon jetzt anfing, von ihm zu sprechen.

Dies war auch der Grund, warum er nun mit dem Studium beginnen mußte. Der kluge Klostervorsteher erkannte, daß in Jussef ein Mönch besonderer Art heranreifte, und den wollte er an den Platz stellen, wohin er gehörte. Wir haben ja schon gehört, daß im morgenländischen Mönchstum nicht wie im Abendland die Priestermönche die Mehrheit unter den Insassen eines Klosters ausmachen. Der Auftrag, sich für die heilige Weihe vorzubereiten, war also eine besondere Bevorzugung von Seiten des Abtes.

Die Theologie der morgenländischen Kirche ist wohl in einer anderen Sprache geschrieben als die der lateinischen, aber sie ist nicht weniger tief und wahr. Insbesondere hat die syrische Kirche im Verlauf ihres Bestehens eine reiche christliche Literatur hervorgebracht, die es jetzt zu beackern galt. Da waren die Schriften des heiligen Ephraïm des Syrers (306—373), an denen die Mönche von Annaya besonders hingen. Geht doch auf das Werk dieses großen Mannes ein Teil der maronitischen Literatur zurück. Sie nennen ihn die «Harfe des Heiligen Geistes». Er war insbesondere ein Verehrer der Gottesmutter, und wir haben in seinen Schriften viele tausend Verse zur größeren Ehre der unbefleckten Jungfrau und Gottesgebärerin. Ein solches Studium freute den jungen Novizen. Er hegte wie alle Bewohner des Libanon eine überaus große Verehrung für die heilige Jungfrau. Die Maroniten verehren sie unter dem Namen der «Lieben Frau vom Gebirge Libanon». In jedem christlichen Haus ist ein Bild Marias anzutreffen. Der Maimonat wird in allen Dörfern und Städten mit einer Innigkeit und Glaubenskraft begangen, die den europäischen Christen in tiefes Staunen versetzen. Später als Priester feierte Machluf am liebsten die Meßliturgie der heiligen Jungfrau. Er war fest davon überzeugt, daß sie «unfehlbar den rettet, der sie verehrt«. In dem maronitischen Meßformular heißt es während der Konsekration von Brot und Wein: «Mutter unseres Herrn Jesus Christus, bitte für mich bei Deinem eingeborenen Sohn, auf daß Er mir Verzeihung meiner Sünden gewähre und aus meinen armen und sündigen Händen dies Opfer annehme, an diesem Altar in meiner Schwäche dargebracht. Beschütze mich in Deinen Gebeten, o heilige Mutter!» Und in den Abendhymnen des ersten Sonntags klingt das Lied: «Gebenedeit seist Du, o Maria, und gebenedeit ist Deine glorwürdige Seele, die Du in Deiner Glückseligkeit so weit vor allen Heiligen hergehst. Gebenedeit seist Du, denn Du hast Ihn getragen, ihn geliebkost und Ihn geliebt als kleines Kind, Ihn, den Allmächtigen, der die Erde in Seinen Händen hält.» Und weiter heißt es: «Gebenedeit seist Du, denn Deinem Schoß entsprang der Erlöser gleich blendendem Licht. Er kettete Satan und gab Frieden seiner Welt. Gebenedeit seist Du, denn Dein keuscher Mund ruhte auf den Lippen dessen, dessen Glorie sich widerspiegelt in den Gesichtern der Seraphim.»

Aber wir sind noch nicht so weit. Als der junge Jussef von seinem Oberen zum Studium gesandt wurde, ermahnte ihn dieser: «Du gehst jetzt nach

Kfifane. Tagsüber wirst Du Deinen Studien obliegen. Nachts aber sollst Du Dich nützlich machen, so weit es Deine Kräfte erlauben. Wir werden hier für Dich beten.» Der junge Novize beugte demütig seine Knie vor dem Abt und küßte seine Hand. «Ich werde Deinem Gebote gehorsam sein», erwiderte er, «ich brauche nur wenig Schlaf. Das Gebet erfrischt mich an seiner statt.»
Der Lehrer des jungen Jussef wurde ein anderer heiligmäßiger Priester der maronitischen unierten Kirche, P. Nematalla Al Kafri. Die Bevölkerung der Umgebung von Kfifane nannte ihn bereits zu Lebzeiten «den Heiligen». P. Al Kafri glaubte, daß ihm der neue Schüler durch Gottes Vorsehung zugesandt worden sei. Er erklärte ihm: «Ich werde als alter Mann bald sterben, und meine Gedanken sind schon auf die Vereinigung mit Gott dem Allmächtigen gerichtet. Darum hat Er dich zu mir geschickt. Die Fackel der rechtgläubigen Lehre, die meinen müden Händen nunmehr entgleiten will, sollst Du aufnehmen und weitertragen.»
Leider sind wir über die einzelnen Teile dieses Lebensabschnittes von P. Machluf nur mangelhaft unterrichtet. Niemand ahnte damals noch die kommende Bedeutung des jungen Mannes — es sei denn P. Al Kafri selbst — und, auch wenn sie jemand geahnt hätte, bestand noch keine Gewohnheit, «Lebenserinnerungen» zu verfassen oder Tagebücher zu führen. Wir können uns das Verhältnis zwischen Lehrer und Schüler so vorstellen, wie es überall in den morgenländischen Christengemeinden der Fall zu sein pflegt. Ein erfahrener Mann zieht einen jungen Menschen als seinen geistigen Nachfolger

heran. Vielleicht sammelt er sogar eine ganze Menge von Schülern um sich. In der russischen Kirche ist diese Art des geistigen Verkehrs von älteren und jüngeren Männern als «Starzentum» wohlbekannt.
P. Al Kafri hatte recht gesehen. Er starb bereits am 14. Dezember 1859, wenige Monate, nachdem sein Schüler Machluf im April des gleichen Jahres aus den Händen des Bischofs Jussef Almarid die Priesterweihe empfangen hatte. P. Machluf war damals einunddreißig Jahre alt.

Der Mönch von Annaya

Der Mönch der abendländisch-lateinischen Kirche erhält beim Eintritt in die Gemeinschaft, der er von nun an für sein ganzes Leben angehört, einen neuen Namen. Nichts soll ihn mehr an die Vergangenheit in der Welt draußen erinnern. So erhält auch der Mönch des Morgenlandes den Namen eines berühmten Heiligen oder eines anderen Mannes, der in der Geschichte des morgenländischen Christentums eine Rolle gespielt hat. Der Obere des Klosters zu Annaya hatte für den jungen Novizen Jussef den Klosternamen Scharbel bereit. Der Name war der eines frühchristlichen Heiligen und Märtyrers der Kirche von Antiochia. Deren erster Bischof war übrigens der heilige Apostel Petrus selbst gewesen, ehe er nach Rom ging und dort seinen Sitz im Mittelpunkt des Römischen Weltreiches aufschlug. Der heilige Scharbel starb im Jahre 107 n. Chr. unter

Kaiser Trajan (98—117 n. Chr.). Sein Fest wird bei den Maroniten am 5. September gefeiert.
P. Scharbel Machluf wurde sofort nach der Priesterweihe aus Kfifane in das Mutterkloster zurückgerufen. Er verweilte nunmehr volle sechzehn Jahre in der Gemeinschaft seiner Mitbrüder und war als einer von ihnen den Regeln des Ordens streng ergeben, demütig und bescheiden. Sein Gebetsleben und seine Selbstverleugnung überschritten das durchschnittliche Maß eines Mönches. Eine seiner Lieblingsbeschäftigungen war es, in der Kapelle des Klosters vor dem Allerheiligsten Altarssakrament zu knien und, in Betrachtung versunken, den Ewigen Schöpfer anzubeten, der sich hier in Brotsgestalt seinen Kindern zeigte. Seine Abkehr von der Welt war so vollkommen, daß er sich sogar weigerte, seine nächsten Angehörigen zu sehen, weil er fürchtete, durch derartige Besuche von Gott abgelenkt zu werden. Als ihn einmal seine leibliche Mutter besuchte, ließ er sich bei ihr entschuldigen und sprach nur wenige Worte durch die Kapellentür, ohne sie zu sehen oder sich ihr zu zeigen. «Bist du es, mein Sohn, der mich nicht sehen will?» klagte damals die arme Frau. P. Scharbel Machluf antwortete: «Wenn es Gottes Wille ist, werden wir uns im Himmel in alle Ewigkeit sehen.»
Das Leben des Maronitenmönches ist schwer. Die Regel des Ordens befiehlt ihm, um Mitternacht zum gemeinsamen Chorgebet aufzustehen. Wenn dann die anderen Mönche sich wieder zur Ruhe begaben, blieb P. Machluf in der Kapelle und betrachtete und betete weiter. Tagsüber wohnte er den Messen aller seiner Mitbrüder andächtig bei und bereitete

sich dann in Ehrfurcht vor, selbst das Meßopfer zu feiern. Mit großer Korrektheit und Hingebung vollzog er die heilige Handlung, zur Erbauung aller Gläubigen, die die Messe mitfeierten. Tag für Tag betete er den Rosenkranz. Sein Armutsgelübde hielt er peinlich genau. Die Maronitenmönche sammeln im allgemeinen keine Reichtümer. Auch die Klöster weisen keine Schätze auf. Die ständigen Fehden und Auseinandersetzungen mit einer andersgläubigen Umwelt lassen gar keine Möglichkeit dazu. Aber P. Machluf war wohl der Ärmste unter den Armen von Annaya. In wirklichem und im übertragenem Sinn. Er trug den rauhesten, ältesten und unbequemsten Habit, der im Kloster zu haben war. Er wusch seine Kleider und seine Wäsche selber. Trotzdem er nur das hatte, was er auf dem Leibe trug, liebte er die Reinlichkeit, und seine Kleider waren immer blitzsauber. Obwohl in der Gebirgswelt des Libanon der Winter hart und rauh ist, wechselte er sein Gewand nicht. Den Sommer und Winter hindurch war das gleiche dünne Kleid sein einziger Schutz gegen die Unbilden der Witterung. Er fastete freiwillig. Das Kloster von Annaya brauchte keine Sorge zu tragen, daß Brot verschimmelte. Die ältesten und trockensten Rinden aß P. Machluf auf. Von den Früchten des Klostergartens kamen auch nur die unscheinbarsten und unschönsten für ihn in Frage. Bei der schweren Arbeit im Klosterweingarten rührte er zur Zeit der Lese keine Traube an, obwohl er die ausdrückliche Erlaubnis des Abtes besaß, zu essen, wenn ihn darnach verlange. Geldstücke griff er überhaupt nicht an. Fr. Jussef Abraham, der zwei Jahre mit P.

Machluf zusammen in enger Berührung lebte, erzählt uns: «Ein Laie gab P. Scharbel das Geld für ein Meßstipendium. Als ich es ihm überbrachte, weigerte er sich, es zu berühren. Als ich ihm klarmachte, daß es der Wunsch des Spenders sei, es ihm direkt in die Hand zu geben, streckte P. Scharbel seinen Arm aus, ließ die Münze daraufgeben und reichte sie auf ausgestrecktem Arm seinem Mitbruder Fr. Macarius, ohne die Höhe des Betrages festzustellen.»
Sprichwörtlich war auch seine Reinheit. Er ging gewöhnlich mit vorgezogener Kapuze und pflegte keinen Menschen — ob Mann, Weib oder Kind — anzublicken. Kaum daß er den Weg beachtete, auf dem er sich befand. Wenn ihm der Abt den Auftrag gab, einen Krankenbesuch zu machen, verschwanden Frauen und Mädchen aus dem Hause, sobald sie ihn kommen sahen. Denn sie wußten, daß er die Anwesenheit einer weiblichen Person im gleichen Raum mit sich nicht duldete. Er war «ein Engel in Menschengestalt», um den Ausdruck eines seiner Biographen zu wiederholen.

Geschichten um P. Machluf

Jeder große Mann macht von sich reden. Kleine Geschichten, Anekdoten über ihn gehen durch die Welt. Manche mögen wahr, manche nicht wahr sein — aber die meisten sind doch immer so, daß man auf sie das italienische Sprichwort anwenden kann: «Si non è vero, è ben trovato», das heißt wenn's schon nicht wahr ist, so ist es doch trefflich erfunden.

Auch die Heiligen sind große Männer. Sie sind größer als Staatsmänner und Feldherren, Dichter und Künstler, denen man Denkmäler errichtet und von denen die Zeitungen voll sind. Nur wird die Größe der Heiligen von den Augen nicht erkannt, die nur das Welttreiben zu beobachten gewohnt sind. Solche Heiligenanekdoten pflegt man auch «Heiligenlegenden» zu nennen. P. Machlufs Leben ist auch von Anekdoten umrahmt — wir wollen sie aber nicht als «Heiligenlegenden» bezeichnen, denn der Begriff «Legende» paßt in unserem Falle nicht. Die Geschichten, die über P. Machluf im Umlauf sind, stammen alle von glaubwürdigen Zeugen und können in den meisten Fällen überprüft werden.

Einige dieser kleinen Geschichten:

1. Eines Tages arbeitete P. Machluf mit den anderen Mönchen im Weingarten. Es war schon später Abend, als der Abt des Klosters, P. Néhmétallah Néhmé, kam und die geleistete Arbeit begutachtete. P. Scharbel Machluf arbeitete in einem versteckten Winkel, wo ihn niemand sehen konnte. Da der Abt wußte, daß der Pater nur auf direkte Aufforderung zu essen pflegte, fragte er ihn: «Pater, hast Du dein Fasten noch immer nicht abgebrochen?» — «Nein», erwiderte P. Scharbel, «es hat mir ja noch niemand zu essen befohlen».

2. Nach einer Reise in das Innere des Libanongebirges, die er auf Anordnung des Abtes gemacht hatte, um einen Kranken zu besuchen, fragte ihn der Mönch Michel Abi-Ramia: «Was hast du auf

deiner Reise gesehen und erlebt?» — P. Machluf antwortete kurz: «Daß ich auf dem einen Weg hin- und auf dem anderen Weg hergekommen bin.»

3. Ein Bote kam zu ihm, um ihn auf Befehl des Abtes zu einem Krankenbesuch zu begleiten. Auf dem halben Weg blieb P. Scharbel plötzlich stehen und sagte: «Kehren wir um. Der Kranke ist soeben gestorben.» Und so war es.

4. In Ehmej lebte ein armer Geisteskranker, der viel unter der Behandlung seiner Umgebung litt. P. Scharbel Machluf befahl ihm eines Tages, in die Klosterkapelle zu gehen. Der Geisteskranke gehorchte willig, aber seine Augen zeigten die ganze Angst, die er hatte. «Knie dich nieder!» befahl der Pater weiter. Der Geistesgestörte gehorchte abermals und breitete die Arme weit aus, wie es die Engel tun. P. Machluf rief über ihn im Gebet Gott an, und der Unglückliche kehrte völlig geheilt nach Hause zurück.

5. Eines Tages bat P. Scharbel den Abt um ein neues Taschentuch. Dieser erwiderte: «Warum nimmst du dir nicht eines? Die Leute bringen doch soviel Weihegeschenke und Spenden.» Gleich erwiderte der Mönch: «Ich pflege nichts ohne Erlaubnis meiner Oberen zu nehmen.»

6. Eines Tages wollte ein böswilliger Klosterdiener P. Scharbel einen Streich spielen. Als dieser kam und seine Lampe mit Öl füllen ließ, goß er ihm statt dessen Wasser hinein. Der Pater kehrte in seine Zelle zurück, zündete die Lampe an — und begann bei deren Licht zu lesen, ohne etwas zu ahnen. Gegen Mitternacht erschien auf einmal der Abt. Er hatte den Befehl gegeben, diesmal weniger

Öl auszugeben, um die Kosten zu sparen. «Du bist zum erstenmal ungehorsam», sagte er zu P. Machluf. Dieser fühlte sich unschuldig, trotzdem widersprach er nicht, sondern bat seinen Oberen demütig um Verzeihung für den Fehler, den er begangen haben sollte. Er tat dies auf den Knien. Noch währenddessen erschien ein Ministrant, der bei der Ausgab des Öls anwesend gewesen war und verständigte den Abt von dem Streich, den man P. Scharbel spielen wollte. Staunend prüfte der Abt den Inhalt der Lampe. Es war tatsächlich — reines Wasser, das nunmehr zwei Stunden über die festgesetzte Zeit gebrannt hatte.

7. Es wehte ein kalter und harter Wind. P. Scharbel bereitete sich eben vor, wie gewöhnlich seine Elf-Uhr-Messe zu lesen. Alles war in der Kapelle schon fertig, nur der Ministrant fehlte. Er hatte den Beginn der heiligen Messe vergessen. Als es elf Uhr schlug, saß er daheim und rückte eben einen heißen tragbaren Ofen von der Stelle. In diesem Augenblick wurde ihm der Ofen durch einen heftigen Windstoß aus den Händen gerissen. Sofort erinnerte sich der Ministrant an sein Versäumnis. Er rannte, so rasch er konnte, in die Kapelle und fand dort P. Scharbel zitternd vor Kälte, das Gesicht ganz bleich. Der Ministrant erwartete eine harte Zurechtweisung, aber P. Machluf sagte nur: «Du hast die heilige Messe vergessen!»

8. Eines Tages erkundigte sich P. Machluf bei seinen Mitbrüdern nach der Zahl der Ochsen, die in den Klostergärten mitarbeiteten. Diese Frage verwunderte die Hörer deshalb, weil P. Machluf Tag für Tag mit ihnen zusammen auf dem gleichen

Stück Boden arbeitete. Sie ersahen daraus, wie wenig er sich um seine Umgebung kümmerte.

9. Eines Tages kam Warda, eine Nichte P. Machlufs, zu ihm und verlangte von ihrem Onkel in einer Erbschaftsangelegenheit einen Rat. «Ich habe nichts mehr mit der Welt zu tun», erklärte ihr P. Scharbel. «So wie mein Bruder dieses Jahr gestorben ist, so bin ich seit dem Augenblick tot, seit ich Beka' Kafra verlassen habe. Wer gestorben ist, kann sich nicht um Erbschaftsgeschichten kümmern.» Nun bot ihm Warda Geld an, um Messen für das Seelenheil ihres Vaters zu lesen. Ihr Onkel erwiderte freundlich: «Die Messen werde ich gern lesen; das Geld aber mußt du selbstverständlich dem Abt des Klosters bringen.»

10. Der Abt fragte P. Machluf eines Tages: «Sag mir, hast du nicht Novizen aus deinem Dorfe lieber als andere? So eine Vorliebe wäre ganz natürlich.» Mit ruhiger Stimme antwortete P. Scharbel: «Nein, ich habe alle gleich gern. Ich mache nicht den geringsten Unterschied zwischen ihnen.»

Scharbel Machluf — der Eremit

Eremiten sind Einsiedler, Menschen, die sich von allen ihresgleichen in die Stille des Waldes, des Gebirges oder der Wüste zurückgezogen haben, um ganz mit Gott zu leben. Das Eremitentum bedeutete den Beginn des christlichen Mönchtums. Erst später schlossen sich die getrennt lebenden Einsiedler in größere Gemeinschaften zusammen. Auch das abendländische Christentum kannte die Einsiedler. Sie sind jedoch heute fast zur Gänze aus dem Bild der lateinischen Kirche verschwunden. Strenge Orden wie Trappisten oder Kartäuser bewahren nur zum Teil noch die Überlieferung dieser Einzelmönche.

Dagegen ist das Einsiedlertum noch heute ein fester Bestandteil der morgenländischen Kirchen: seien es nun mit Rom verbundene (unierte) oder von Rom getrennte (orthodoxe). In der berühmten Mönchsrepublik des Berges Athos leben neben den in Klöstern vereinigten Mönchen Einsiedler wie in den ersten Jahrhunderten des Christentums. Ähnlich sind die Verhältnisse bei den Maroniten des Libanongebirges. Das Eremitentum geht geschichtlich auf den Wüstenvater Antonius von Ägypten zurück, dessen Lebensbeschreibung wir aus der Feder des berühmten Bischofs von Alexandrien, des heiligen Athanasius des Großen, des unermüdlichen Vorkämpfers der rechtgläubigen katholischen Lehre, besitzen. Der Eremitenmönch der ältesten Zeit war noch nicht an irgendeine Gemeinschaft gebunden, sondern er besuchte nur zusammen mit anderen Einsiedlern der Umgebung den gemeinsamen Gottesdienst am Sonntag, sorgte aber sonst für seinen eigenen Lebensunterhalt ganz allein und strebte auch der christlichen Vollkommenheit auf die ihm eigene Art nach.

Das Einsiedlertum des Libanongebirges stellte im neunzehnten Jahrhundert nicht mehr diesen Urtyp der Eremitenmönche vor. Die Einsiedelei war einem Kloster angeschlossen, wurde von diesem Kloster seelisch und wirtschaftlich betreut, und der Abt

des Klosters hatte auch das Recht, den Insassen der Einsiedelei zu bestimmen, wenn der frühere Inhaber der kleinen Zelle gestorben war. P. Scharbel Machluf bekam Sehnsucht nach dem einsamen Leben, allein mit Gott, so oft er die steilen Pfade der Einsiedelei des Klosters Annaya emporstieg. Die Einsiedelei war den Apostelfürsten Petrus und Paulus geweiht und lag noch 200 Meter höher als das Kloster, 1400 Meter über dem Meeresspiegel. Sie bildete den Gipfel des Annaya-Berges, nach dem das Kloster seinen Namen hatte. Von der Tür der Einsiedelei aus besitzt man einen weiten Rundblick über die ganze Gegend, über Berge, Wälder, Täler, Flüsse — von der Wüste bis an das Meer.
P. Scharbels Wunsch wurde erst nach langem Warten erfüllt. Als der Einsiedler des Klosters im Jahre 1872 gestorben war, bewarb sich Machluf um seine Nachfolge. Mit der Bitte, ihn vom Kloster aus auf den Gipfel des Berges zu senden, näherte er sich seinem Oberen. Der Abt hatte diesen Wunsch P. Scharbels erwartet und war nicht überrascht. Aber er hielt es für gut, wenn der kommende Einsiedler noch eine längere Prüfungszeit durchmache. So willigte er wohl grundsätzlich in Machlufs Wunsch ein, forderte ihn aber auf, sich vorerst nur von der Gemeinschaft der Mönche zurückzuziehen. Bloß mehr Abtötung und Buße waren gestattet. Wenn er sich so vorbereitet habe, werde der Tag kommen, an dem seine Wünsche in Erfüllung gehen könnten.
Die Zeit, die der Abt angeordnet hatte, dauerte drei volle Jahre. In der Zwischenzeit hatte sich P. Machluf schon im Kloster als Einsiedler bewährt. Obwohl es viel schwerer sein mußte, mitten in der

Gemeinschaft der Menschen zu schweigen, als dieses Schweigen auf der Höhe des Berges, einsam und auf sich allein gestellt, zu beobachten. Im Jahre 1875 war es soweit. P. Scharbel verließ freudig bewegt das Kloster und begab sich auf den Weg. Die Einsiedelei, die er bis zu seinem Tode nicht mehr verlassen sollte, war ungepflegt und verfallen. Die Jahre, die sie leer gestanden hatte, machten sich bemerkbar. Der Garten trug nur Unkraut. P. Machluf ließ einen Teil davon stehen, jätete und rodete jedoch den anderen Teil des Grundstückes und pflanzte Heilkräuter und Gemüse an. Der Boden erwies sich unter seinen Händen so fruchtbar, daß der Abt voll Freude diese Bereicherung des Küchenzettels in Empfang nahm. Auch für die Heilkräuter konnte das Kloster manches gute Stück Geld einstecken und so die Not der Mönche lindern, die gerade damals wieder einmal sehr groß war.

Von jetzt ab führte P. Machluf sein eigenes Leben. Er kam nur mehr selten und dann auf Wunsch seiner Ordensoberen ins Kloster und blieb längere Zeit hindurch tatsächlich von allen Menschen abgeschlossen. Erst als sich gewisse gesundheitliche Störungen einstellten — die Jahre gingen auch an P. Machluf nicht spurlos vorüber —, sorgte der Abt von Annaya dafür, daß P. Scharbel einen Gefährten in seiner Einsamkeit erhielt.

Da er mit dem Kloster in Verbindung stand, brauchte er sich nicht — wie es die alten Einsiedler des Frühchristentums getan hatten — um sein tägliches Brot zu kümmern. Einmal im Tag wurde ihm ein Mahl aus der Klosterküche heraufgetragen. Dieses Mahl bestand ausschließlich aus rohen oder gekochten Feldfrüchten. Der Einsiedler genoß jetzt kein Fleisch mehr. Selbst die Verwendung von Fett zum Kochen war ausgeschlossen. Manchmal gestattete er sich den Luxus einer kleinen Zugabe von Öl. Abgesehen von der kargen Ruhe, der er pflog, verbrachte er Tag und Nacht im Gebet, kniete vor dem Allerheiligsten Altarssakrament oder las Heiligenbiographien. Er verschmähte es aber — wir haben ja bereits weiter oben darauf hingewiesen — auch nicht, weiterhin körperlich zu arbeiten und Feldarbeit zu tun. Er war sie von Jugend an gewöhnt. Die Zelle, in der er jetzt hauste, maß 2,75 Meter in der Länge, 2,10 Meter in der Breite und 2,55 Meter in der Höhe. Die Einrichtung bestand aus einem Kochkessel, einem Wasserkrug, einem Strohsack, mit Eichenlaub und Rinde gefüllt, und einer Filzdecke zum Zudecken. Anschließend an die Zelle befand sich eine kleine Kapelle im Ausmaß von sechs mal neun Metern.

Noch einige Berichte

Menschen sind gerne geneigt, von ihren Nachbarn alles Mögliche, Gutes oder Schlechtes, zu glauben. Daß man von einem Mann wie P. Machluf, der dieses Leben der Buße und Abtötung führte, nichts Schlechtes berichten konnte, ist wohl klar. Dafür aber sprach man jetzt in allen Dörfern im Libanon von den Wundertaten, die er vollbracht habe. Die kirchliche Behörde hat noch nicht über die meisten Berichte entschieden, und es berührt P. Machlufs heiligmäßiges Leben durchaus nicht, wenn vielleicht manche dieser Erzählungen etwas übertrieben und aufgebauscht wären. Der Morgenländer besitzt — wenigstens behaupten dies viele Kenner des Landes — eine lebhaftere und geschmeidigere Phantasie als der Mensch des Nordens. Daß es Wunder als solche gibt — daran zu zweifeln, ist keinem wirklichen Katholiken erlaubt. Sie sind ein Eingreifen Gottes in den natürlichen Lauf der Dinge. Wir brauchen bloß die Namen Lourdes und Fatima zu nennen, um dies zu erkennen. In Lourdes sind schon viele Heilungen vor sich gegangen — aber nur eine begrenzte Zahl wurde von der Kirche bisher als wirkliche Wunder im theologisch-kanonischen Sinne anerkannt. Auch die außergewöhnlichen Taten, die man von Scharbel berichtet, werden nur zum Teil als Wunder des libanesischen Mönches anerkannt werden. Daß es allerdings seltsam um ihn herging, muß schon heute betont werden.

In den Dörfern des Libanons sind eine ganze Reihe von Geschichten bekannt, in denen Pater Scharbel Machluf eine Hauptrolle spielt. So wird berichtet, er habe durch sein Eingreifen die Gegend um Annaya von einer Heuschreckenplage befreit; mit einem Weihwassergefäß und einem Buchsbaumzweig verjagte er die außer Rand und Band gekommenen Tiere. Von besonderer Bedeutung erscheint uns aber die Aussage von Bruder Peter Jawade, der dem Verfasser einer Biographie, Paul Dahér, folgendes berichtet: «Ich arbeitete einmal im Klosterweingarten. Als die Ochsen vorüberkamen, hielt Pater Scharbel die Ranken hoch, um sie zu schützen. Eines der Tiere brach aber aus der Reihe und

vereitelte des Paters Bemühungen, den Weingarten vor Schaden zu bewahren. Da wurde Bruder Macarius ärgerlich und wandte sich an den Einsiedler: ‚Das ist deine Schuld! Eine wahre Katastrophe!' Ich sah nun, wie sich P. Scharbel, ohne ein einziges Wort zu sagen, mit gekreuzten Armen vor dem Sprecher auf den Boden warf und zu ihm sagte: ‚Vergib mir um der Liebe Christi willen!'» Der gleiche Gewährsmann berichtet eine zweite Wahrnehmung: «Ich selbst betrat einmal Pater Machlufs Zelle und sah sein Bett. Es bestand aus Eichenblättern und einem Strohsack. Das Kopfkissen war nur ein Stück Holz, in das Ende einer Kutte eingewikkelt. Sein Gebetsschemel in der Kapelle bestand aus einem Haufen von Holzscheiten, die in der gleichen Art wie das Kopfkissen mit einem Stück Kutte verdeckt waren.»
Für den Christen, aber auch für den unvoreingenommenen Ungläubigen tut sich mit diesen Feststellungen eine Welt der Selbstüberwindung und Arbeit am Ich auf, die bewundernswert ist.

Pater Machlufs «Geheimnis»

Es ist für den modernen Christen eine besondere Genugtuung, zu hören, daß das «Geheimnis» von P. Scharbel Machlufs innerer Heiligkeit die Heilige Messe war. Wir haben ja erst in unserem Jahrhundert wieder — durch die liturgische Bewegung der Jahre nach dem Ersten Weltkrieg — in dem unblutigen Opfer des Herrn den Mittelpunkt unseres

Glaubens und unseres Innenlebens erfahren gelernt. Gerade in dieser Beziehung war P. Machluf so überaus «modern» wie wenige seiner christlichen Zeitgenossen. Er besaß allerdings den unleugbaren Vorteil, sich in die herrliche Liturgie der morgenländischen Kirche versenken zu können, die zu den Kostbarkeiten unserer Religion zählt. «Seit dem vierten Jahrhundert haben sich die östliche und die westliche Liturgie immer mehr voneinander entfernt» — schreibt der Benediktinerpater Odo Casel in seinem Aufsatz «Die ostchristliche Opferfeier als Mysteriengeschehen» (im Sammelband «Der christliche Osten», Regensburg, 1939) — «indem die östlichen Liturgien sich in ihrer formalen Ausgestaltung manches von den dem Osten seit altersher geläufigen Kultformen, speziell des Mysteriengottesdienstes, aber auch von dem majestätischen Prunke des kaiserlichen Hofstaates aneigneten, der Westen aber die von einer nüchternen Großartigkeit durchwaltete römische Form durchsetzte, auf Kosten mancher orientalischer Anklänge ..., die ... schließlich im späten Mittelalter den Kult zu einem äußerlich eindrucksvollen, repräsentativen, aber die Tiefe des Mysteriums oft sehr überkleidenden und damit verhüllenden Ritualismus ausbaute. Unberührt blieb auf beiden Seiten der eigentliche Kern des sakramentalen Kultes, das obenerwähnte Christusmysterium, das von Christus selbst herstammt und der Kirche sein Leben vermittelt. Es blieb als Gottes höchstes Geschenk der Kirche immer erhalten.»
Aus einer solchen liturgischen Gesinnung heraus kannte P. Scharbel Machluf keine höhere Aufgabe des Priesters, als das heilige Meßopfer zu feiern. Er

ließ keine Gelegenheit vorübergehen, auf diese Weise mit seinem Schöpfer in unmittelbare Berührung zu treten. Sein ganzes religiöses Leben war von dem Gedanken der heiligen Messe als des immerwährenden Kreuzesopfers Christi bestimmt. Wenn er jeden Tag seine gewohnte Elf-Uhr-Messe feierte, so bereitete er sich schon vom Erwachen an auf diesen erhabenen Augenblick vor. Die Zeit nach der Messe verbrachte er in schuldiger Danksagung dafür, daß ihm Gott an diesem Tage abermals die Huld gewährt hatte, ihn selbst in der Gestalt von Brot und Wein in den Händen zu halten. Er kniete in diesen Augenblicken am liebsten vor dem ausgesetzten Allerheiligsten oder vor dem Tabernakel. Der maronitische Meßritus, den P. Scharbel Machluf gebrauchte, zeichnet sich durch Einfachheit, Tiefe und Reichtum an liturgischen Texten aus, die die Seele der frühchristlichen Kirche erkennen lassen. Die Messe wird bei den Maroniten in der Sprache gefeiert, die der Heiland als Mensch auf Erden gebraucht hat: in Christi «Muttersprache». Wie heißt es doch im Gebete nach der Konsekration: «O Hostie, die sich selbst für uns opfert! O Versöhnungsopfer, das Du selbst Deinem Vater darbringst! O Lamm, das der Priester deines Opfers war! Möge unser Bitten durch Dich, o Christus, durch Deine Güte als ein Brandopfer, dargebracht von Dir, Deinem Vater erscheinen!» Oder die Worte beim Erheben von Hostie und Kelch: «O Vater der Wahrheit, hier ist Dein Sohn, ein Opfer, Dir zu gefallen! Würdige Dich, es anzunehmen! Für mich hat er den Tod erlitten, um mich loszukaufen! Hier ist das Opfer! Empfange es aus meinen Händen und erweise Dich gnädig gegen mich und vergiß mein Vergehen in Deinen Augen! — Hier ist Sein Blut, auf Golgatha für meine Rettung vergossen. Es schreit laut auf zu Dir zu meinen Gunsten! Sieh seine Verdienste an und nimm mein Opfer auf! So zahllos auch meine Sünden sein mögen, so überquellend ist Deine Güte! Wenn Du Dich ihrer annimmst, wird Deine Gnade so schwer wiegen wie ein unermeßlich schweres Gebirge!» — Und weiter: «Betrachte die Sünden, doch zu gleicher Zeit betrachte das Brandopfer, dargebracht, sie auszutilgen. Die Opfer mögen die Sünden austilgen. Weil ich gesündigt habe, erduldete Dein vielgeliebter Sohn die Pein der Nägel und der Lanze. Seine Leiden sollen Dir genügen, Dir gefallen und mir das Leben schenken.»

Wir sehen, daß diese Sprache kraftvoll und männlich und ohne jede verweichlichende Zärtelei ist. Aus ihr konnte ein Mann wie P. Scharbel immer wieder jene Worte schöpfen, in denen er zu Gott sprechen wollte. Das war ja sein «Geheimnis» — daß er sich dem Willen Gottes unterwarf. Seine Wünsche zu erkennen suchte und sie dann mit der ganzen Kraft seiner gottliebenden Seele befolgte. Er hatte es tatsächlich zustande gebracht, der Welt schon zu Lebzeiten den Rücken zu kehren und sich nurmehr als in den Händen des allmächtigen Schöpfers befindlich zu betrachten.

P. Scharbels letzte Tage

P. Scharbel Machluf war nicht so gesund, wie es den Anschein hatte. Seine Bußübungen und seine asketische Lebensweise dürfen nicht darüber hinwegtäuschen. Vielleicht erhöht es sogar noch sein Verdienst, wenn wir hören, daß er eine schwere Nierenkrankheit mit sich herumtrug. Er hielt sie sorgfältig vor allen Menschen geheim, als fürchtete er, er könnte durch den mönchischen Gehorsam von seinen Oberen gezwungen werden, mehr auf sich zu achten. Aber als er sich den Sechzigern näherte, war es nicht mehr möglich, ihn allein in seiner Einsiedelei zu lassen. Das Kloster Annaya bestimmte ihm einen Gefährten, den er mit brüderlicher Liebe bei sich aufnahm. Es war dies Jussef Ibrahim Asruni, der nun mit ihm zusammen den Rosenkranz betete und die Dienste des Ministranten bei der Feier des heiligen Meßopfers versah. Auch die körperlichen Arbeiten wurden dem früh zum Greise gewordenen Mann bald zu viel. Wieder mußten seine Mitmönche eingreifen und das Notwendige für ihn tun: den kleinen Garten der Einsiedelei besorgen, die Weinstöcke pflegen, das Brennholz hacken. P. Machluf nahm alle diese Dienste mit unendlicher Demut hin, bedankte sich für jeden Handgriff und weigerte sich, anderes zu essen, als den Überrest des kärglichen Mahles, das ihm die arbeitenden Brüder zurückließen. Es war, als höre er Gottes Stimme, die ihm befahl: «Wer nicht arbeitet, soll auch nicht essen!» Und P. Machluf war der Meinung, daß dieses Gebot, das schon in der Welt gilt und jede ungerechtfertigte Bereicherung und

das wahllose Anhäufen von Besitztümern verbietet, die aus dem Schweiß und dem Blut der Armen stammen, doppelt und dreifach für ihn, den Mönch, zu gelten habe, der das Gelübde der ewigen Armut auf den Stufen des Altars abgelegt hatte. Hatte er schon früher den Genuß jedes alkoholischen Getränkes mit den Worten abgelehnt: «Der Mensch leidet und stirbt vom zuvielen Essen. Wie sollte ich Wein trinken, wenn Christus sterbend nur Essig hatte?» so war auch jetzt Wasser des Libanongebirges das einzige Getränk, das er zu sich nahm.
Die Erscheinung P. Machlufs wird von denen, die ihn noch persönlich gekannt haben, so beschrieben: Er hatte einen aufrechten Gang und ein freundliches Lächeln. Sein Bart war grau und dünngesät. Wenn man ihn nicht hinderte, nahm er auch jetzt noch schwere Lasten auf sich. Wie freute er sich, als sich endlich die Frauen von Annaya entschlossen, seinen langgehegten Wunsch zu erfüllen und das Gebiet der Einsiedelei nicht mehr zu betreten, sondern lieber einen Umweg darum herum zu machen, wenn sie der Weg vorbeiführte. Daß das Leben und alles, was mit dem Leben zusammenhing, Gottes Gabe an einen unwürdigen Diener war, das war P. Machlufs beste Überzeugung. «O mein Gott! Du hast mir alles geschenkt!» pflegte er darum zu sagen.
Im Dezember 1898 begann P. Scharbel plötzlich zu kränkeln. Es war nicht das gewöhnliche Unwohlsein und nicht der Schmerz seines Nierenleidens, das er tapfer und mutig viele Jahre ertragen hatte, sondern etwas ganz anderes. Sein Mitbruder P. Makarios weilte eben bei ihm, als ihn bei der Feier des heiligen Meßopfers plötzlich Schwindel be-

fiel. Wie ein Schleier legte es sich über sein Gesicht. Er konnte die Messe nicht weiter feiern, sondern sank ohnmächtig auf dem Boden der Kapelle nieder. P. Makarios hob ihn auf und trug ihn auf sein einfaches Lager in der danebenliegenden Zelle. Es war ein Freitag, der 16. Dezember, nur wenige Tage vor dem Christfest. Aber schon nach ein paar Minuten wachte der Ohnmächtige auf. Die Unruhe, die Messe nicht zu Ende gelesen zu haben, riß ihn aus seiner Betäubung. Er wandte alle Willenskraft an, um sich zu sammeln und sich von seinem Lager zu erheben. «Ich habe mich überschätzt», klagte er sich vor seinem Mitbruder an, «und bin hochmütig gewesen. Das lange Fasten hat mir nicht gut getan. Aber du mußt mir beim Aufstehen helfen! Gott darf nicht warten!» Selbstverständlich wollte Makarios nichts davon wissen, daß sein Mitbruder den Versuch mache, die Meßfeier zu beenden. Da erhob sich P. Machluf zum Erstaunen des anderen, wankte, sich an Mauer und Türpfeiler stützend, in die Kapelle zurück und legte das Meßgewand von neuem an, das ihm P. Makarios vorhin ausgezogen hatte. Entsetzt folgte ihm dieser. Mit klarer, aber zitternder Stimme begann P. Machluf das Wandlungsgebet des maronitischen Meßritus zu sprechen: «O gerechter und hilfreicher Vater!» Weiter hörte man nichts. Mit eiserner Willenskraft hielt er den Kelch fest, ohne den Wein darin zu verschütten. Dann sank er zum zweiten Male auf der Erde nieder: auf dem Posten, auf den ihn Gott der Allmächtige hingestellt hatte.

Die Kunde von der schweren Erkrankung P. Machlufs verbreitete sich noch am selben Tag wie ein

Lauffeuer in der ganzen Umgebung. Im Kloster zu Annaya ging es zu wie in einem Bienenschwarm. Allen war klar, daß man mit einer sehr schweren Krankheit und — nach menschlicher Voraussicht — mit dem baldigen Tode P. Machlufs zu rechnen habe. Der Pfarrer Mikhail Abiramia stieg zur Einsiedelei hinauf und spendete dem Sterbenden die Letzte Ölung, von P. Makarios assistiert. Damit ging ein Wunsch P. Machlufs in Erfüllung, der sich immer diese beiden Männer an seinem Sterbelager gewünscht hatte.

Der Eintritt des Todes ließ aber auf sich warten. Schon schöpfte man etwas Hoffnung. Am 24. Dezember 1898 schickte der Abt des Klosters eine Fleischsuppe in die Einsiedelei hinauf, damit sich der Kranke stärke. Es war ein Gericht, das P. Scharbel Machluf seit über fünfzig Jahren nicht mehr zu sich genommen hatte. Als der Kranke den Duft der Suppe roch, wies er sie mit den Worten zurück: «Es ist Advent. Wir müssen die Fasten einhalten.» Wenige Zeit später trat der Todeskampf ein, wenn wir das sanfte Hinüberschlummern des frommen und heiligmäßigen Greises überhaupt mit diesem Namen bezeichnen dürfen. Denn kein wildes Aufbäumen versuchte die Seele im Körper zurückzuhalten, kein Widerstand des Leibes gegen seine Zerstörung wurde sichtbar. Mit lächelnden Lippen, ein leise geflüstertes Gebet auf ihnen, ging P. Scharbel Machluf in die Herrlichkeit Gottes ein, auf die er sein ganzes Leben in kindlicher Demut gewartet hatte. Seine letzten Worte waren die gleichen, die er zuletzt bei der heiligen Messe am 16. Dezember aus-

sprechen konnte: «O gerechter und hilfreicher Vater!»
Jawohl, für P. Scharbel Machluf war Gott wirklich und wahrhaftig der gerechte und hilfreiche Vater, der sich seines lieben Kindes in der letzten Stunde der irdischen Pilgerfahrt mit unendlicher Güte annahm.

Mit dem Tod ist nicht alles aus ...

Für die Menschen, denen die Religion fremd ist, bedeutet der Tod den Abschied von der Erde, das ewige Verschwinden in die Leere des Nichts. Die Verwandten und Freunde denken noch einige Jahre an den Toten — wenn der letzte gestorben ist, der sein Andenken im Herzen bewahrt, ist er von der Erde für immer ausgelöscht. Es sei denn, er sei ein Großer der Menschheit gewesen, dessen Name und Taten im Buch der Geschichte eingeschrieben sind. Andere wieder reden davon, daß das wahre Weiterleben des Menschen in seinen Kindern zu suchen sei, die das Blut des Ahnherrn in sich tragen. Solange die Familie besteht, so lange lebt wenigstens ein kleines Stückchen des Toten weiter. Ach, wie armselig ist doch auch ein solcher Glaube für den Sterbenden selbst, dessen persönliches Ich, dessen Individualität auch in diesem Fall ausgelöscht scheint.
Solange es Menschen gibt, glaubten sie in irgendeiner Form an das Fortleben nach dem Tode. Sie waren in dieser Beziehung klüger als manche ge-

scheite und studierte Leute der Gegenwart, die nicht wahrhaben wollen, was schon die Priester der Ägypter und Babylonier lehrten und was in den unscheinbaren Gräbern vorgeschichtlicher Völker mit unwiderleglichen Beweisen anzutreffen ist.
Der Tod P. Scharbel Machlufs bedeutete für ihn selbst den Eintritt in ein besseres Leben, in die ewige Freude des Himmels. Kein Auge hat es gesehen, kein Ohr hat es gehört, kein Mund hat es berichtet, was Gott denen bereitet hat, die ihn lieben — so sagt schon der heilige Völkerapostel Paulus.
Daß P. Machluf tot war, bezeugten die Menschen, die an seinem Grabe standen. Daß seine Seele lebt, dafür gibt es eine Menge anderer Zeugnisse, die mit überraschender Schnelligkeit sofort nach dem Tode des heiligmäßigen Mannes einliefen. Der Einsiedler-Mönch des Annaya-Berges war noch nicht begraben, als ein junger Mensch namens Saba Tannusse Mussa in der Einsiedelei erschien. Er hatte noch nichts von der Erkrankung P. Machlufs vernommen und war gekommen, ihn um Hilfe zu bitten. Denn er war ein armer Krüppel, der seinen Verwandten zur Last fiel und dessen Leben ein einziges Martyrium war. Seine Freunde hatten ihm geraten, den Einsiedler aufzusuchen. Vielleicht könne P. Scharbel Machluf helfen. Nun stand er erschüttert vor der Türe, die von einer großen Schar von Menschen belagert war, und hörte, daß der «heilige Mönch» — so nannte ihn ja die ganze Umgebung — am selben Morgen die Erde verlassen hatte. Die Mutter des Krüppels war darüber verzweifelt und entschloß sich schweren Herzens zur Rückkehr.

Aber der junge Bursche wollte davon nichts wissen. «Ich will zu P. Machluf» wiederholte er mit eintöniger Starrsinnigkeit. Alles Bitten und Beschwören war umsonst. Um drei Uhr nachmittags, am 24. Dezember 1898, stand Saba Tannusse Mussa vor dem in der Kirche aufgebahrten Leichnam. Er berührte ehrfürchtig den Leib des Toten, dann seine eigene Brust und die gelähmten Glieder. Nach wenigen Minuten fühlte er, wie eine neue unbekannte Kraft durch seinen Körper drang. Er vermochte sich aufzurichten und allein zu gehen. Der Jubel war groß. Er, der gekommen war, um von einem Lebenden Hilfe für sein schweres Leiden zu erflehen, konnte als gesunder Mann mit geraden Gliedern an den Leichenfeierlichkeiten für P. Scharbel Machluf teilnehmen.
Der Tod ist für den Christen der Geburtstag zum ewigen Leben. So ist der 24. Dezember — der die Geburtsstunde des Heilands einleitet — für Scharbel Machluf zum Geburtstag für die ewige Herrlichkeit geworden.
Gottes Wege sind wunderbar!

Der Herr verherrlicht seinen Diener

Die Chronik des Klosters des heiligen Maron zu Annaya im Libanongebirge verzeichnet im Jahre 1898 folgende Eintragung: «Am 24. Dezember 1898 rief Gott an sein gnadenreiches Herz den Einsiedler P. Scharbel Machluf von Beka' kafra zurück. Er starb an Paralyse und übergab seine Seele Gott.

Beigesetzt wurde er im Klosterfriedhof. Er war 68 Jahre alt, und zur selben Zeit wurde P. Anton Mishmishani Oberer. Was Gott nach seinem Tode bewirkt hat, wird mehr als eine Lobrede auf die Heiligkeit seines Lebens und die Glaubenstreue aussagen, mit der er seine Mönchsgelübde, vor allem das des Gehorsams, hielt. Es war mehr Englisches in ihm denn Irdisches.»

Wir haben schon einmal erwähnt, daß bereits zu Lebzeiten P. Machluf der Ruf von seinem vorbildlichen Lebenswandel unter seine Landsleute gedrungen war. Wenn auch kein Mensch das Recht hat, einen anderen vor seinem Tode als «Heiligen» zu bezeichnen, so pflegt doch der Volksmund in Erkenntnis der Tugenden und Verdienste eines Mannes solche Bezeichnungen bereits im voraus zu vergeben. Die Kirche ist selbstverständlich nicht verpflichtet oder bereit, diese Volksmeinung unter allen Umständen zu der ihren zu machen — aber immerhin ist der Ruf eines heiligmäßigen Lebens, der auf eine solche Art zu entstehen pflegt, ein bedeutsames Zeichen, das nicht übersehen werden kann. So kam es, daß sich bereits wenige Jahre nach dem Tode P. Machlufs seine Ordensoberen und dann die kirchlichen Zentralbehörden abermals mit ihm zu beschäftigen begannen. Immer von neuem wurde von wunderbaren Ereignissen berichtet, von Gebetserhörungen, Krankenheilungen, unerwarteter Hilfe in großer Not, die alle der Fürbitte des verstorbenen Einsiedlermönches zugeschrieben wurden. In einer Biographie P. Scharbel Machlufs wird die Zahl aller wunderbaren Begebenheiten von seinem Tode bis 1957 mit 1200 beziffert, wobei die Nennung dieser Zahl keineswegs dem kirchlichen Urteil vorgreifen soll. Es soll nur gezeigt werden, wie dringend notwendig es bald erscheinen mußte, den Fall «Machluf» einmal unter dem Gesichtswinkel einer eventuellen Selig- und Heiligsprechung zu betrachten.

Der erste, der sich mit den Ereignissen zu beschäftigen hatte, war selbstverständlich der Ordensobere, Abt Anton Al-Mishmishani, der spätere Generalabt aller Klöster des libanesischen Gebietes. Er meldete die unerklärlichen Vorkommnisse dem Patriarchen der maronitischen unierten Kirche, Elias Hoyek, und erbat sich von ihm vorerst die Erlaubnis, das Grab P. Scharbel Machlufs zu öffnen und den Leichnam in eine neue, abgesonderte Gruft zu übertragen. Der Patriarch stimmte diesem Vorschlag zu. Als nun das gemeinsame Grab der Mönche von St. Maron zu Annaya in Gegenwart des Abtes und der Klostergemeinde sowie einer herbeigeströmten Menschenmenge geöffnet wurde, fand man P. Scharbels Leichnam völlig unverwest vor, genau so wie am Tage seines Hinscheidens. Ebenso waren seine Mönchskleider völlig in Ordnung, was um so bemerkenswerter erscheinen mußte, als seit der Beisetzung die Gruft einige Male durch Regengüsse, Grundwasser und Überschwemmungen unter Wasser gesetzt worden war, so daß der Leichnam mitten in dieser Flut durch einige Monate hindurch sozusagen schwamm. Alle Anwesenden erkannten in der Leiche die des verstorbenen P. Scharbel Machluf wieder; niemand drückte einen Zweifel darüber aus. Ja, im Volke herrschte die Stimmung vor, die mit den Worten bezeichnet wurde: «Das ist der

Leichnam des heiligen Scharbel! Er war heilig während seines ganzen Lebens, und Gott hat ihn nunmehr verherrlicht, indem er seinem Körper die Unverwesbarkeit schenkte.»
Der Leichnam wurde feierlich erhoben, in einen Holzsarg gelegt und in einer Nische der Klosterkapelle beigesetzt.

Die wunderbaren Ereignisse mehren sich

Die Ausgrabung P. Scharbels aber war noch von einer anderen Merkwürdigkeit begleitet. Der Leichnam war nicht bloß völlig unverwest, er gab auch eine blutgleiche Flüssigkeit von sich, eine Mischung von roten und weißen Teilchen, wobei sich die letzteren in großer Überzahl befanden. Ebenso war ein richtiger Blutgeruch in der ganzen Kapelle zu spüren und wurde von allen Anwesenden während der neuen Beisetzungsfeierlichkeiten wahrgenommen. Infolge dieses merkwürdigen Ereignisses fühlten sich die Mönche bewogen, die Kleider P. Machlufs zweimal wöchentlich zu wechseln, um die Flekken zu entfernen. Trotz dieser Vorsichtsmaßnahme blieben Blutflecken auf der Albe sichtbar, die er trug. Als diese Tatsachen ruchbar wurden, erregten sie unter allen Mönchen der verschiedenen Klöster ungeheures Interesse und wurden bald in der ganzen Gegend bekannt. Auch diese Geschehnisse festigten die Überzeugung des Volkes, daß P. Scharbel Machluf ein Heiliger gewesen sei. Man begann, sich noch mehr als bisher an ihn um Fürbitte bei Gott

zu wenden und ihm eine Reihe von Anliegen des alltäglichen Lebens vertrauensvoll vorzutragen.
Unter diesen Umständen war es nur zu verständlich, daß der Generalabt der Maronitenmönche, Ignatius Dagher At-I'annouri, eine Bittschrift dem Papst Pius XI. (1922—1939) überreichen ließ, in der er die Einleitung des Seligsprechungsprozesses für P. Scharbel Machluf anregte. Der Papst nahm die Bitte wohlwollend auf und erwiderte, der Generalabt solle sich an den Patriarchen der maronitischen unierten Kirche wenden, dem das Recht zustehe, als kirchlicher Ordinarius der Diözese, in der P. Machluf gelebt hatte und gestorben war, den Informationsprozeß zur Einleitung der Seligsprechung zu beginnen. Übrigens teilte der Papst dem Patriarchen der Maroniten mit, daß er dem Ansuchen günstig gegenüberstehe und ihn auffordere, die Bitte des Generalabtes zu gewähren, wenn sie an ihn gelange. Am 28. Januar 1926 wurde die Bittschrift offiziell dem Patriarchen übergeben. Dieser ernannte eine eigene Kommission für die Angelegenheit. Die erste Sitzung fand am 4. Mai 1926 im Palais des Patriarchen statt: man beschloß, den Informationsprozeß zu eröffnen; der Leichnam P. Scharbels, der der Gegenstand öffentlicher, nicht anerkannter Verehrung war, sei in ein neues Grab zurückzuübertragen.
Ein Beweis dafür, mit welchem Ernst die Kirche im Fall einer Heiligsprechung alle Gründe für und wider prüft, und daß nichts törichter ist, als der vielfach verbreitete Glaube, Rom warte nur auf Wunder, um darauf den Beweis für seine Existenzberechtigung zu schöpfen.

Ein neues Grab für Scharbel Machluf

Den Weisungen der Informationskommission entsprechend fand die Beisetzung des Leichnams von P. Scharbel Machluf am 24. Juli 1927 in einem eigenen Grab statt. Auch an dieser Feier beteiligte sich eine große Anzahl von kirchlichen und weltlichen Würdenträgern, umringt von einer gewaltigen Zuschauermenge. In arabischer Sprache wurde ein kurzer Bericht über Leben, Tod, erstes und zweites Begräbnis des ehrwürdigen Diener Gottes, P. Scharbel, verlesen und ein Hinweis auf die eventuelle Seligsprechung hinzugefügt. Das Dokument wurde von den Mitgliedern der Kommission unterzeichnet. Desgleichen wurde ein fachärztlicher Befund des Leichnams in französischer Sprache abgefaßt. Er stammte von einem der hervorragendsten Wissenschaftler, Dr. Armand Jouffrey, Professor am Französischen Medizinischen Institut in Beirut, und seinem Assistenten, Dr. Balthasar Malconien. Sie hatten den Leichnam des heiligmäßigen Mönches in Anwesenheit eines Mitgliedes der Informationskommission, des sogenannten «Verteidigers der Wahrheit», untersucht. Die kirchliche Untersuchungskommission nahm den ärztlichen Bericht zur Kenntnis und unterzeichnete ihn zum Zeichen der Anerkennung. Dann wurden die beiden Dokumente in eine Zinntube getan, diese geschlossen und zusammen mit dem Leichnam in einem neuen Holzsarg mit Zinnbeschlägen gegeben. Das neue Grab für P. Machluf befand sich an der Gartenseite des Klosteroratoriums, wo er zuletzt beigesetzt gewesen war. Der Sarg wurde auf zwei erhabene Steine gestellt; dies sollte ihn gegen Feuchtigkeit schützen. Der Eingang in das Grab wurde mit Steinen vermauert. Auch das neue Grab von P. Scharbel Machluf blieb eine Stätte frommer Verehrung und Andacht bei Mönchen und Volk.

Scharbel Machlufs Grab wird wieder geöffnet

Wohl nur wenige Menschen, die im Jahre 1927 der Grablegung des heiligmäßigen Einsiedlermönches beiwohnten, dachten an die Möglichkeit, daß sich die kirchlichen Behörden schon nach verhältnismäßig kurzer Zeit von neuem bewogen sehen würden, eine Untersuchung der Gebeine von P. Machluf vorzunehmen. Im Heiligen Jahr 1950 bemerkten Besucher seiner Grabstätte, daß aus einer Ecke des Grabes Wasser in das Klosteroratorium sickerte. Sie machten den Abt von St. Maron in Annaya darauf aufmerksam, und er untersuchte die Flüssigkeit. Dabei mußte er feststellen, daß es sich nicht um Wasser, sondern eine Art von klebriger Flüssigkeit handelte. Der Abt fürchtete für das Grab, denn er hielt dafür, daß diese sonderbare Substanz von außen her in die Gruft eindringe und den Sarg und den Leichnam P. Machlufs beschädigen könne. Seiner Verantwortlichkeit bewußt, versammelte er alle Mönche des Klosters und öffnete in ihrer Anwesenheit am 25. Februar 1950 das Grab. Er fand es vollkommen trocken und in gutem Zustand vor. Auch der Sarg war noch in derselben Lage, in der er im Jahre 1927 aufgestellt worden war. Die sonderbare Masse kam vom Fuße des Sarges selbst. Sie floß auf dem Boden in der Richtung zur Westwand weiter, bahnte sich dort einen Weg aus der Gruft und erschien auf diese Weise im Oratorium.

Auf Grund der Meldung des Abtes von Annaya an den Generalabt seines Ordens und den Patriarchen der Maroniten verfügten die kirchlichen Autoritäten eine neuerliche gründliche Untersuchung des Falles. Am 22. April 1950 traf eine Kommission in Annaya ein, der drei medizinische Berühmtheiten angehörten: Dr. Chikri Bellan, Generaldirektor des öffentlichen Gesundheitswesens in der Republik Libanon, Dr. Joseph Alhitti, Abgeordneter im libanesischen Parlament, und Dr. Theophil Maroun, Professor der Medizin an der Französisch-Medizinischen Fakultät in Beirut. Der Sarg P. Machlufs wurde in ein Schiff der Klosterkirche gebracht und dort geöffnet. Eine Anzahl alter Mönche, die den Toten noch bei seinen Lebzeiten gekannt hatten oder bei der Graböffnung von 1927 anwesend gewesen waren, wurden zur Zeugenschaft aufgerufen und erkannten einstimmig Sarg und Leichnam als die des im Jahre 1898 verstorbenen Einsiedler-Mönches P. Scharbel Machluf. Die Kommission fand, daß sich seit der Untersuchung von 1927 nichts im Zustand der Leiche und des Sarges geändert hatte. Sie stellte außerdem folgende Tatsache fest: Das Blutschwitzen, das sich seit der Enterdigung des Leichnams aus der gemeinsamen Mönchsgruft im Jahre 1899 gezeigt hatte, hatte noch immer nicht aufgehört. Das rote Blut hatte sich auf dem Körper und den priesterlichen Gewändern P. Machlufs wei-

terhin angesammelt. Ein Teil der Bekleidung war zugrundegegangen, und die Zinntube mit den beiden Dokumenten von 1927 war verrostet. Desgleichen zeigte sich ein Schaden am Boden des Holzsarges und im Anschluß daran des äußeren Zinnbeschlages zu Füßen des Leichnams. Das war die Ursache dafür, daß das Blut seinen Ausweg nach Westen zu nahm. Die Gelehrten stellten ferner fest, daß die beiden Dokumente von 1927 unversehrt waren, daß aber die Kleider P. Scharbel Machlufs so aussahen, als seien sie von Blut getränkt. Besonders die Albe schien von Blut durchnäßt. Die Kommissare entdeckten, daß sich die Flüssigkeit über den ganzen Körper ausgebreitet hatte und sich augenblicklich in einem geronnenen erstarrten Zustand befand. Der Körper selbst fühlte sich weich an und Arme und Beine konnten in den Gelenken gebogen werden.
Das Untersuchungsprotokoll, vom 18. März 1950 datiert, wurde von der Apostolischen Kommission für den maronitischen Mönchsorden unter Nummer 739 und dem gleichen Datum in das Ordensregister eingetragen.

Zeugnisse für Scharbel Machluf

Seit der Wiedererhebung der Gebeine des Dieners Gottes P. Scharbel Machluf drangen immer wieder Berichte in die Öffentlichkeit, die von Wundertaten des verstorbenen Mönches berichten. Unter nochmaligem Hinweis auf die Tatsache, daß die Entscheidung darüber, ob die einzelnen Ereignisse als wirkliche Wunder im übernatürlichen Sinn anzusehen sind, nur dem Heiligen Stuhle in Rom zusteht, wollen wir einige der kundgemachten Fälle ganz kurz skizzieren:

1. Schwester Mirjam Abel trat am 8. September 1929 im Alter von 16 Jahren in den Orden zu Bikfaya ein. Sie war bis 1936 vollkommen gesund, dann begann sie magenkrank zu werden. Sie hatte große Schmerzen und konnte keine Nahrung zu sich nehmen, ohne zu brechen. Sie wurde von einem Arzt behandelt, der die Ursache des Leidens nicht feststellen konnte. Dieser Zustand dauerte volle sieben Monate. Im Sommer 1936 wurde sie von dem ägyptischen Facharzt Dr. Marajil geröntgt; dabei wurde ein Magengeschwür festgestellt. Seine medizinischen Anordnungen blieben ohne Erfolg. Ebenso die eines dritten Facharztes, Dr. Elias El-Ba'aklini, der eine Operation vornahm. Nachdem die Wunde verheilt war, kehrte der vorherige Zustand wieder. Ja, Schwester Mirjam fühlte sich noch elender als je zuvor. Zuerst konnte die Kranke sich noch im Kloster bewegen, seit 1940 war sie bettlägerig. Als sie von P. Scharbel hörte, beschloß sie ihn anzurufen. Er erschien ihr im Traume und heilte sie. Am Donnerstag, dem 11. Juli 1950, reiste sie nach Annaya, um am Grabe des seligen Diener Gottes weiterzubeten. Sie wurde in einem Stuhl zum Grabe P. Scharbels getragen. Als sie die Flüssigkeit sickern sah, nahm sie ihr Taschentuch, benetzte es damit und wischte sich damit den Körper ab. Einen Augenblick später konnte sie sich zur Freude der sie begleitenden Ordensschwestern erheben und

fühlte von diesem Moment an keinen Schmerz mehr.

2. Der Mohammedaner Muhammed Ali Murewa versprach im Gefängnis, in dem er zu erblinden drohte, fünfzig libanesische Pfund für einen wohltätigen Zweck zu opfern, wenn er durch die Fürbitte P. Scharbels geheilt werde. Eine Besucherin von Annaya brachte ihm Wasser von P. Machlufs Grab mit. Er benetzte sich die Augen damit und wurde geheilt. Die Bestätigung dieses Falles liegt unter dem Datum vom 12. Mai 1950 vor.

3. Der 25jährige Akel Jussef Wakim hatte im Jahre 1939 einen Fahrradunfall, als dessen Folge ein verkürztes Gelenk des linken Fußes zurückblieb. Er wurde von europäischen, amerikanischen und arabischen Ärzten ohne wesentlichen Erfolg behandelt. Am 4. Mai 1950 begab er sich in Begleitung von Mutter, Bruder und Onkel nach Annaya auf Wallfahrt. Seine Mutter legte ihre Hand auf das Grab und «rieb dann mein lahmes Bein. Nach einer halben Stunde innigen Gebetes traten die Mönche ein, den Marienchoral singend. In diesem Augenblick fühlte ich eine unbekannte Kraft mein Knie durchdringen, ich erhob mich und konnte ohne jede Hilfe gehen.» Auch diesem Bericht liegt eine Bestätigung des Arztes Dr. Hanna Riachi vom 10. Mai 1950 über die Tatsache der Heilung bei.

Die in Beirut erscheinende Zeitschrift «Charbel. Le Libanon mystique» veröffentlichte eine Reihe von Zeugnissen über Gebetserhörungen, die P. Scharbel Machluf zugeschrieben werden. Wir bringen einige von ihnen, wie sie im Jahrgang 1959 veröffentlicht wurden:

Mme Pierre Favrot
3, rue Bellecour, Lyon
2. Mai 1951

Hochwürdiger Herr Pater!

Nachdem ich immer das Leben von Scharbel Machluf gelesen habe, habe ich das Buch zwei kaum noch praktizierenden Katholiken weitergegeben. Die Lebensbeschreibung des heiligen Mönches hat ihnen den Glauben wieder geschenkt, und alle beide haben wieder zu meiner großen Freude den Weg zur Kirche zurückgefunden und ihre Osterpflicht erfüllt. Sie hatten seit vielen Jahren keine Sakramente empfangen. Seit diesem heiligen Tag versäumen sie keine Sonntagsmesse mehr. Danken wir Gott für diese Gnade durch Vermittlung von P. Scharbel.

Mlle D. Antoine
66, Bld Mortier, Paris XXe
9. Juli 1952

Hochwürdiger Vater!

Vergangenen Oktober bat ich den Prior von Annaya, mir eine Reliquie von P. Scharbel für meinen kranken Vater zu schicken. Nach einer sichtbaren Besserung auf Grund der Reliquien von P. Scharbel wurde mein Vater im März von neuem krank und starb am Mittwoch in der Karwoche. Aber ich schreibe es vor allem P. Scharbel zu, daß Papa, der seit fünfzig Jahren nicht zur Kommunion gegangen war, zu Weihnachten die heilige Kommunion verlangte und mit Gott versöhnt von hinnen gegangen ist.

Mme Renée Marcy
Rue Basse 42, Sainghin-en-Weppes (Nord)
18. April 1953

Hochwürdiger Pater!

Vor ungefähr zwei Monaten schrieb ich Ihnen und bat Sie, für mein Anliegen zu beten und mir außerdem eine Reliquie für meinen Bruder zu schicken, der lungenkrank ist; der Arzt meinte, man müsse ihm einen Pneumo-Thorax machen und er werde mindestens sechs Monate völlige Ruhe benötigen. Er bekam die Reliquien, die Sie gesandt hatten, und bat den guten P. Scharbel um Hilfe. Als er vierzehn Tage später den Arzt aufsuchte, stellte dieser zu seiner überaus großen Verwunderung eine fast völlige Vernarbung in der Lunge fest. Wir schließen uns an alle jene an, die P. Scharbel ihren Dank sagen und auch Gott danken. Ich wäre Ihnen sehr erkenntlich, wenn Sie Ihre Gebete mit den meinen vereinigen würden. Von meiner Seite aus verspreche ich Ihnen, auch für Sie zu beten und die heilige Kommunion auf ihre Intention zu empfangen.

Mme Laurentine Bary
Balagnier, par St. Sernin (France/Aveyron)
29. April 1953

Sr. Hochwürden dem Prior des Mönchsklosters von Scharbel Machluf

P. Scharbel Machluf hat mich auf meine Bitte von einer gefährlichen Furunkolose plötzlich geheilt, an der ich schon zwei Jahre lang litt und von der mich niemand heilen konnte. Als ich bei meinem Bruder war, las ich in einer Zeitung von den Wundern von P. Scharbel. Ich betete zu ihm mit der Bitte, mich von meiner abscheulichen Krankheit zu heilen. Wenn er mich auf der Stelle heile, würde ich glauben, daß er ein Heiliger sei und würde eine Messe in seiner Ehre lesen lassen und seine wunderbare Hilfe öffentlich bekennen. Welche Überraschung! Ich fühlte mich auf der Stelle geheilt; meine schreckliche Krankheit verließ mich plötzlich, ohne eine Spur zu hinterlassen, und ich fühle mich vollkommen gesund. Das Übel ist nicht mehr zurückgekommen. Ich kann keine Reise machen, und mir fehlt außerdem das Geld, um zu seinem Grab zu wallfahren. Darum bitte ich Sie, für mich P. Scharbel Dank zu sagen, daß er mich so wunderbar geheilt hat. Bitte, teilen Sie mir mit, ob Sie meinen Brief erhalten haben. Ich lege eine Marke für die Antwort bei. Die anderen beiliegenden Marken sind das Opfer für eine heilige Messe.

Honoré Hallot
127, Grand'Rue, Flénu-les-Mons (Belgien)
27. Februar 1953

Hochwürdiger Pater!

Das Kloster von Annaya teilte mir Ihre Anschrift mit, damit ich eine Dokumentation über P. Scharbel erbitten kann. Ich muß Ihnen mitteilen, daß ich bereits seit mehreren Jahren im Besitz von Reliquien bin und daß ich seine wunderbare Hilfe erfahren habe. Mein Vater mußte operiert werden; Altersbrand und Arteriosklerose im Alter von 75 Jahren. Ich habe gebetet und eine Reliquie von

P. Scharbel zu Füßen des Bettes niedergelegt. Mein Vater hat geweihtes Wasser getrunken, in das eine Reliquie getaucht worden war. Nach einer schrecklichen Nacht war der Brand vom Fuß verschwunden. Papa konnte wieder aufstehen, hatte keine Schmerzen mehr und starb drei Jahre später ohne längeres Leiden innerhalb von 24 Stunden. Jetzt habe ich alle meine Reliquien verteilt, und ich würde gerne eine Dokumentation oder vielleicht ein Buch erhalten. Ich habe ein sehr großes Vertrauen zu P. Scharbel.

Eugène Berthier
Aunay-sous-Auneau (Eure et Loire)
5. Februar 1952

Hochwürden P. Superior!

Die zwei Reliquien von P. Scharbel, die Sie gesandt haben, haben bereits zur Heilung meiner Prostata und des Leberleidens meiner Frau beigetragen. Ich bitte Sie, mir zwei neue Reliquien zu senden, die erste für die Heilung meines Schwagers von seinen rheumatischen Schmerzen in den unteren Gliedmaßen und die zweite für meinen zweiten Sohn, der ebenfalls leberleidend ist.

Mme Jeanne Calvet
Condé-Swendou (Algerien)
12. Februar 1953

Hochwürdiger Prior des Klosters von Annaya!

Ich bin glücklicherweise in der Lage, Ihnen die wunderbare Heilung einer Cousine zu melden, die zahlreiche Lungenschädigungen hatte. Die erwähnte Dame mußte sich einer Operation unterziehen. Sie trank Wasser, in das man eine Reliquie von P. Scharbel eingetaucht hatte. Sie fühlte sofort neue Kräfte. Als sie vom Arzt untersucht wurde, fand er nicht die leiseste Spur der früheren Lungenschäden. Ich selbst bin seit einigen Jahren leidend und bitte Sie, hochwürdiger Prior, mir eine Reliquie von P. Scharbel zu senden.

Mlle Alice Milaire
43bis, rue de Cloys, Paris XVIIIe
21. Januar 1952

Verehrter Bruder!

Ich habe die Reliquien von P. Scharbel richtig erhalten. Ich war darüber sehr glücklich. Mein Geschwür ist am selben Tag verschwunden. Ich wartete nur die völlige Heilung ab. Aber es ging alles gut. Als sich einige Tage später eine Kruste bildete, hatte ich ein wenig Angst. Ich glaubte, daß sich das Geschwür von neuem öffnen werde. Aber jetzt habe ich die Überzeugung, daß ich vollkommen geheilt bin.

Mme Jane Hourie
6, rue Condillac, Bordeaux
28. April 1955

Hochwürdiger Pater,

ich schreibe Ihnen diesen Brief, damit Sie wissen, daß ich den mir so teuren Klosterkonvent von Annaya nicht vergessen habe. Ich erinnere mich noch sehr an ihn und bin dem Heiligen des Orients, dem guten und verehrten P. Scharbel, innig zugetan. Ich bete alle Tage zu ihm. Ich teile Ihnen auch die gute Nachricht mit, daß eine meiner Schwestern, die vom Weg des Glaubens abgewichen ist, morgen — nach vierzig Jahren — zu einem Oblatenpater zur Beichte gehen und dann die heilige Kommunion empfangen wird. Sie ist die Witwe eines großen Märtyrers der Widerstandsbewegung und war eine Zeitlang nach seinem Tod völlig verstört. Er ist mir eine große Freude, daß diese Gnade auf Fürbitte des guten und lieben P. Scharbel gewährt wurde.

Danès René
29, Bld Albert Ier, Nogent-s.-M. (France)
7. März 1952

Hochwürdiger P. Superior!

Ich danke Ihnen sehr für die Reliquien, die Sie mir zukommen ließen. Sie fragen mich um Einzelheiten der vorgefallenen Wunder. Ich teile Ihnen mit, daß der Bruder meines Schwagers, Herr Normand, in einem Pariser Spital lag. Er sollte sich einer schwierigen Operation unterziehen: man wollte ihm drei Rippen entfernen. Mein Schwager schrieb Ihnen und bat Sie um Zusendung einer Reliquie von P. Scharbel. Er brachte dann diese Reliquie seinem Bruder. Einige Tage später hatte sich sein Gesundheitszustand gebessert und die Operation war nicht mehr notwendig. Er ist jetzt vollkommen geheilt. Im übrigen litt auch meine Mutter an Asthma. Nach einer Woche war auch sie völlig geheilt.

Das Bild des Toten

Wir können unsere kurze und keineswegs erschöpfende Lebensbeschreibung des maronitischen Einsiedlermönches P. Scharbel Machluf nicht schließen, ohne jenes merkwürdigen Vorfalles zu gedenken, der sich am 8. Mai 1950 in Annaya zutrug. Zeit seines Lebens war es verabsäumt worden, ein Bild oder eine Photographie P. Machlufs anzufertigen. Vielleicht hätte es der fromme und heiligmäßige Mann auch gar nicht geduldet. So lebte er bloß in der Erinnerung jener weiter, die ihn noch im Leben gekannt hatten.

An jenem 8. Mai 1950, dem Feste des heiligen Johannes des Evangelisten, das die Maroniten an diesem Tage begehen, fuhr ein Autobus mit etwa vierzig Maronitenmönchen nach Annaya. Sie kamen um die Mittagszeit an. Zuerst wurde das Grab P. Machlufs besucht. Dann verbrachten die Wallfahrer drei Stunden betend in der Klosterkapelle und nahmen an der Segensandacht um vier Uhr nachmittags teil. Nach deren Ende beschlossen einige der Besucher, die Einsiedelei aufzusuchen, in der P. Machluf so lange gelebt hatte. P. Peter Chalhoub, die Brüder Elisa Nouhra und Louis Yazbek aus Qarxaba, der Novize Joseph Antony aus 'Abrin und der Kloster-Postulant Hanna Ghoussan aus Dar Ba'shtar befanden sich darunter. P. Peter Chalhoub trug eine Leica-Kamera mit sich und Br. Elias Nouhra einen Kodak. Als sie ihre Neugier zufriedengestellt hatten, wollten sie eine Erinnerung an ihren Besuch mitnehmen und machten von der Einsiedelei einige Momentaufnahmen. Eine davon zeigt die Besucher vor dem Eingang zur Einsiedelei. Als die Aufnahme entwickelt wurde, stellte sich zur allgemeinen Verblüffung heraus, daß sich mitten unter den Besuchern eine völlig fremde, bärtige Gestalt zeigte, die niemand gesehen hatte und an die sich niemand erinnern konnte. Die Abzüge der Aufnahme und das Negativ wurden dem Generalabt der Maronitermönche übergeben. Dieser legte das Bild neun Personen vor, die P. Machluf im Leben gekannt hatten; darunter befanden sich Verwandte P. Scharbels und Mitbrüder. Diese waren im hohen Alter von achtzig und mehr Jahren. Alle erkannten in dem Unbekannten auf dem Bild den verehrten Diener Gottes. Besonders wertvoll ist das Zeugnis P. Joseph Abi Younas, der dreizehn Jahre mit P. Scharbel Machluf zusammen gelebt hat. Es wurde auch festgestellt, daß sich gewisse Eigentümlichkeiteen der Körpergestalt, die sich erst wieder bei der Sargöffnung vom 22. April 1950 gezeigt hatten, auf dem Bilde wiederfanden. So die Finger der rechten Hand, die so unversehrt und makellos waren wie die der Leiche, und die Biegung der linken Augenbraue, die deutlicher sichtbar ist als die der rechten. Dies stimmt mit dem Krankheitsbefund überein und konnte ebenso an dem Leichnam festgestellt werden. Nachdem die zuständigen Autoritäten alle Umstände geprüft hatten, kamen sie zur Überzeugung, daß eine Irreführung ausgeschlossen sei und anerkannten die Authentizität des Bildes. Der gesamte Orden der Maronitenmönche steht heute zur Überzeugung, daß es sich um das wahre Abbild des verewigten Dieners Gottes handelt.

Adresse des Patriarchen Paul Peter Kardinal Meouchi an den Heiligen Vater anläßlich der Seligsprechung von P. Scharbel Machluf am 5. Dezember 1965 in Rom

Heiliger Vater!

... Es ist daher heute mein Privileg, Heiliger Vater, Ihnen meinen und den Dank der ganzen maronitischen Kirche auszusprechen. Ich möchte gleichzeitig alle unsere Kinder, Söhne und Töchter, im Libanon vertreten, und auch der Sprecher jener vielen sein, welcher Rasse und Religion sie immer sein mögen, die mit uns um die Seligsprechung des Mannes Gottes gebetet haben.

Ich danke Eurer Heiligkeit, daß Sie nunmehr P. Scharbel Machluf unter die Seligen der Kirche aufgenommen haben. Ich danke Ihnen auch dafür, daß Sie dadurch im Angesicht der Gläubigen der Kirche und der ganzen Welt eben den Wert jener Tugenden anerkannt haben, die ihm eigen waren und die wir heute so dringend benötigen.

Möge nunmehr der selige Scharbel Machluf im Verein mit allen anderen Seligen und Heiligen, denen die Kirche die Ehre der Altäre zuteil werden ließ, für Sie bei Gott unserem Herrn bitten. Mögen Sie durch seine Fürbitte das Ziel erreichen, daß Sie als der Führer der Kirche vor der ganzen Welt proklamiert haben: die Erkenntnis, daß der Mensch als Ebenbild Gottes seine geistigen Aufgaben erkenne, daß ein Friede in Gerechtigkeit die Menschen vereinige und daß alle zu Christus, unserem Mittelpunkt, dem einzigen Licht und einzigen Retter der Menschheit, zurückfinden.

Paul Peter Kardinal Meouchi

Ansprache Papst Pauls VI.
anläßlich der Feier der Seligsprechung von
P. Scharbel Machluf
am 5. Dezember 1965

Groß ist die Freude im Himmel und auf Erden an diesem Tag, da wir Scharbel Machluf, den Mönchseremiten vom Berg Libanon, als Seligen zur Ehre der Altäre erheben. Groß ist die Freude im Osten und im Westen über diesen bewündernswerten Sproß der Heiligkeit, den Sohn des Libanon. In ihm erwachte die große Tradition des östlichen Mönchstums zu neuem Leben, in ihm, dem einfachen Mönch und Einsiedler, der heute selig gesprochen wird.

Vor allem aber muß diese Freude in den Herzen der Söhne des heiligen Maron übergroß sein. Das hat uns unser verehrungswürdiger Bruder, Kardinal Paul Peter Meouchi, mit so überaus bewegenden Worten versichert. Wir haben sie mit großer Genugtuung gehört. Heute ist für die Katholiken des Libanon und insbesondere für die Glieder des Ordens des heiligen Maron wahrhaftig ein großer Tag. Wir freuen uns, bei dieser Feier die Abordnung der Regierung des Libanon begrüßen zu können, ebenso wie die anderen Delegationen, die zu dieser Feier gekommen sind. Wir sind durch diese Zeichen der

Verehrung tief bewegt. Die Anwesenheit all dieser Persönlichkeiten ruft in uns die Erinnerung an den warmen Willkomm wieder wach, mit dem wir von der gesamten Bevölkerung des Libanon ohne Unterschied von Rasse und Religion begrüßt wurden, als wir auf unserer Reise nach Bombay in Beirut einen Zwischenaufenthalt nahmen. Allen sprechen Wir unseren herzlichen Dank aus.
Zahlreich sind die Söhne und Töchter des Libanon hier am Grab des heiligen Petrus versammelt. Der Libanon ist eine Drehscheibe und ein Treffpunkt der Menschen aus Afrika, Asien und Europa. Dies unterstreicht die Bedeutung der Feierstunde, zu der wir uns heute hier versammelt haben.
... Diese Auszeichnung zollt die Kirche von Rom voll Freude der maronitischen Kirche und durch sie allen Kirchen des Ostens. Ein neues hervorragendes Glied unter den Seligen der Kirche, ein Beispiel heiliger Mönchstugenden, bereichert nun durch sein Vorbild und durch seine Fürbitte bei Gott die Schar der Heiligen und Seligen des gesamten christlichen Volkes.
... Zwanzig Jahre widmete er sich im Kreis der Mönche dem Streben nach Tugend und Vollkommenheit. Dann entschloß er sich aus eigenem Antrieb und mit Erlaubnis seiner Oberen zu einem Dasein als Einsiedler. Seine ganze religiöse Existenz ruhte auf der Feier des Heiligen Meßopfers, auf dem stillen Gebet vor dem Allerheiligsten Sakrament und in der heroischen Übung der Tugenden des Gehorsams, der Armut und der Keuschheit.
Wir freuen uns, heute die Seligsprechung eines Mönches vornehmen zu können, der sich ganz dem be-

schaulichen Leben gewidmet hat ... Möge sein Leben gut verstanden und auch nachgeahmt werden.

Papst Paul VI.

Ansprache des Papstes anläßlich der Heiligsprechung von P. Scharbel Machluf am 9. Oktober 1977

Heute ist die ganze Kirche, in Ost und West, zu einem Freudenfest eingeladen. Unser Herz blickt zum Himmel, wo — wie wir mit Sicherheit wissen — jetzt der hl. Scharbel Machluf an der unermeßlichen Glückseligkeit der Heiligen im Lichte Christi teilhat, wo er Gott preist und für uns Fürbitte leistet. Unser Blick geht aber auch dorthin, wo der neue Heilige sein irdisches Leben verbracht hat, in den Libanon, dieses uns so teure Land, dessen Vertreter wir hier voll Freude begrüßen.

... Euer Land, liebe Freunde, wurde schon von den biblischen Dichtern bewundernd gepriesen, tief beeindruckt von der Lebenskraft seiner Zedern, die zum Symbol für das Leben der Gerechten wurden. Jesus selbst belohnte dort den Glauben einer syrischphönikischen Frau: Vorzeichen des allen Völkern bestimmten Heils. Dieser Libanon, Ort der Begegnung von Orient und Okzident, ist dann vielen Völkern zur Heimat geworden, die tapfer an seiner Erde und seinen reichen religiösen Traditionen hängen. Das Leid der tragischen Ereignisse der jüngsten Zeit hat tiefe Furchen in das Gesicht dieses Landes gegraben ... Ihr wißt aber um die Sympathie und Liebe, die wir eurem Land stets entgegengebracht haben und weiter entgegenbringen.

Heute verehren wir nun miteinander einen Sohn dieses Landes, auf den der ganze Libanon und vor allem die maronitische Kirche stolz sein können: Scharbel Machluf. Ein wohl einmaliger Mann, ein erstaunlicher Baumeister des Friedens, suchte er diesen doch abseits der Welt, allein in Gott, der ihn ganz erfüllte. Aber sein Licht, das im letzten Jahrhundert in seiner Einsiedelei in den Bergen des Libanon entzündet wurde, begann immer stärker zu strahlen, und die Leute wurden sich einmütig bald seiner Heiligkeit bewußt. Wir haben ihn schon geehrt, als wir ihn am 5. Dezember 1965 seligsprachen. Wenn wir ihn heute heiligsprechen und seine Verehrung auf die ganze Kirche ausdehnen, stellen wir diesen tapferen Mönch, den Ruhm des libanesischen Maronitenordens und würdigen Vertreter der Ostkirchen und ihrer hohen Mönchstradition, der ganzen Welt zum Vorbild hin.
Es ist nicht nötig, seine im übrigen sehr einfache Biographie noch einmal im einzelnen nachzuzeichnen. Aber wir möchten wenigstens darauf hinweisen, wie sehr das christliche Milieu seines Elternhauses den jungen Yussef (Josef) – wie der Taufname lautet – im Glauben Wurzeln fassen ließ und ihn auf seine Berufung vorbereitete: er stammte aus einer armen Bauernfamilie, die arbeitsam und in Eintracht lebte, von einem starken Glauben erfüllt und mit dem liturgischen Gebet des Dorfes und der Marienverehrung vertraut war. Verwandte hatten sich in das Einsiedlerleben zurückgezogen. Vor allem die Mutter unseres Heiligen war eine bewundernswerte, tieffromme Frau, die Askese bis zur ständigen Abstinenz übte. Hören wir die Worte, die man von ihr nach der Tren-

nung von ihrem Sohn überlieferte: «Wenn du kein guter Mönch werden wolltest, würde ich zu dir sagen: kehre nach Hause zurück. Aber ich weiß, daß der Herr dich für seinen Dienst braucht. Und in meinem Schmerz über die Trennung von dir will ich ihn bitten, indem ich mich füge: Möge er dich segnen, mein Kind, und aus dir einen Heiligen machen» (P. Paul Daher, *Charbel, un homme ivre de Dieu,* Ibail, 1965, S. 63). Die Tugenden der Heimat und das Vorbild der Eltern bilden immer eine für die Weckung von Berufen günstige Atmosphäre.
Aber jede Berufung weist auch immer eine persönliche Entscheidung des Kandidaten auf, wo der unwiderstehliche Anruf der Gnade sich mit dem festen Willen, ein Heiliger zu werden, verbindet: «Verlasse alles, komm! Folge mir nach!» *(ebd.,* S. 52, vgl. *Mk* 10,21). Mit 23 Jahren verließ unser Heiliger dann wirklich sein Heimatdorf Beqa-Kafra und seine Familie, um nie mehr dorthin zurückzukehren. Nun beginnt für den Novizen, aus dem inzwischen Bruder Scharbel geworden ist, eine strenge monastische Ausbildung nach der Regel des libanesischen Maronitenordens, zuerst im Kloster Unserer Lieben Frau in Mayfouk, dann in dem abgeschiedenen Kloster des hl. Maron in Annaya. Nach der Ablegung seiner Ordensgelübde begibt er sich zum theologischen Studium nach St. Cyprian in Kfifane, wo er 1859 die Priesterweihe empfängt. In der Folge sollte er dann 16 Jahre in der Klostergemeinschaft der Mönche von Annaya bleiben und dann 23 Jahre lang ein Leben vollkommener Abgeschiedenheit in der zu Annaya gehörenden Einsiedelei St. Petrus und Paulus führen. Dort ist er am Heiligen Abend 1898 mit 70 Jahren gestorben.

Was hat uns ein solches Leben zu sagen? Die eifrige, bis zum Extrem gesteigerte Praxis der drei in Stille und monastischer Entsagung gelebten Ordensgelübde: Erstens der strengen Armut, was Unterkunft, Bekleidung, die einzige und äußerst karge Tagesmahlzeit betrifft, bei harter körperlicher Arbeit in dem rauhen Gebirgsklima. Dann die Keuschheit, die ihn mit dem Ruf einer legendären Unantastbarkeit umgibt. Schließlich und vor allem der Gehorsam, der nicht vollkommener anzutreffen ist, nicht nur gegenüber den Oberen, sondern auch gegenüber seinen Mitbrüdern und vor allem der Regel der Eremiten, womit er seine völlige Hingabe an den Willen Gottes zu erkennen gab. Aber der Schlüssel zu diesem uns vielleicht seltsam anmutenden Leben ist die Suche nach der Heiligkeit, das heißt möglichst vollkommener Übereinstimmung mit dem demütigen, armen Christus, ein nahezu ununterbrochener Dialog mit dem Herrn, persönliche Teilnahme am Opfer Christi durch eine innige Feier der hl. Messe und eine strenge Buße, verbunden mit der Fürsprache für die Sünder. Kurz, es ist die unablässige Suche nach Gott, dem einzigen Inhalt des mit der Einsamkeit gezeichneten Einsiedlerlebens.
Bietet uns diese Aufzählung, die die Hagiographen noch mit unzähligen konkreten Tatsachen ausschmücken könnten, nicht das Bild einer recht strengen Heiligkeit? Verweilen wir bei diesem ungewöhnlichen Phänomen, das die moderne Welt in Ratlosigkeit, ja in Widerspruch versetzt. Auch noch jetzt billigt man einem Mann wie Scharbel Machluf eine außergewöhnliche Heiligkeit zu, vor der man sich verneigt und dabei vor allem seine mehr als normale Charakterfestigkeit im Auge hat. – Aber ist das nicht

«Torheit in den Augen der Menschen», wie es schon der Verfasser des Weisheitsbuches ausdrückte? Selbst Christen werden sich fragen: Hat Christus wirklich eine solche Selbstverleugnung gefordert, er, dessen lebensnahe Aufgeschlossenheit sich so von den Bußübungen des Täufers abhob? Schlimmer noch: Werden nicht manche Verfechter des modernen Humanismus so weit gehen, im Namen der Psychologie diese Unbeugsamkeit und Selbstentäußerung als widernatürliche, krankhafte Verachtung der gesunden Werte des Körpers und der Liebe, freundschaftlicher Beziehungen, schöpferischer Freiheit, mit einem Wort, des Lebens hinstellen?

Solche Schlußfolgerungen im Fall von Scharbel Machluf und aller seiner Mönchsgefährten oder Einsiedler seit den Anfangszeiten der Kirche lassen das schwerwiegende Unverständnis sichtbar werden, es handle sich lediglich um menschliche Leistung. Das beweist eine gewisse Kurzsichtigkeit gegenüber einer anderen tieferen Wirklichkeit. Gewiß, Ausgeglichenheit darf niemals mißachtet werden, und die Oberen, die Kirche müssen auf jeden Fall über die Klugheit und Glaubwürdigkeit solcher Experimente wachen. Aber Lebensklugheit und menschliche Ausgewogenheit sind keine statischen Begriffe, die auf die gewöhnlichsten psychologischen Momente oder auf rein menschliche Hilfsmittel beschränkt wären. Man vergißt dabei, daß Christus selbst allen, die seine Jünger werden wollten, harte Forderungen gestellt hat: «Folge mir nach... Laß die Toten ihre Toten begraben» (*Lk* 9, 59-60). «Wenn jemand zu mir kommt, muß er Vater und Mutter, Frau und Kinder, Brüder und Schwestern, ja sich selbst gering achten, sonst kann er nicht mein Jün-

ger sein» (*Lk* 14, 26). Vergessen wird auch die Kraft des Geistes im Ordensmann, für den diese Härte zunächst ein einfaches Mittel ist; vergessen wird die Liebe zu Gott, die ihn inspiriert, das Absolutum, das ihn anzieht. Übersehen wird die Gnade Christi, die ihm die Kraft verleiht und ihn an der Dynamik eben des Lebens Christi selbst teilhaben läßt. Unterschätzt werden schließlich die Quellen des geistlichen Lebens, die solche Menschen zu um so größerer Tiefe, Vitalität, Selbstbeherrschung und Ausgeglichenheit gelangen lassen, als sie nicht um ihrer selbst willen angestrebt werden: «Suchet zuerst das Reich Gottes und seine Gerechtigkeit, dann wird euch alles andere dazugegeben» (*Mt* 6, 33).
Und in der Tat, wer würde nicht an Scharbel Machluf die positiven Seiten bewundern, die Enthaltsamkeit, Abtötung, Gehorsam, Keuschheit und Einsamkeit in ungewöhnlichem Ausmaß erst möglich gemacht haben? Denken wir an seine souveräne Freiheit gegenüber so vielfältiger Leiden und Schwierigkeiten, an den hohen Wert und Reichtum seines Innenlebens, die Erhabenheit seines Gebets, den Geist seiner Anbetung, der in der Natur, vor allem aber vor dem hl. Sakrament zum Ausdruck kam, an seine kindlich reine Liebe zur heiligen Jungfrau und an alle die wunderbaren Verheißungen der Seligpreisungen, die bei unserem Heiligen Wirklichkeit wurden: Freundlichkeit, Demut, Barmherzigkeit, Frieden, Freude, Teilhabe an der heiligen und erneuernden Kraft Christi schon in diesem Leben. Kurz, seine Entäußerung hat ihn auf den Weg der vollkommenen Ruhe und Freude wahren Glücks geführt. Sie hat dem Heiligen Geist genügend Raum gelassen.

Zweifellos ist es beeindruckend, daß das Volk Gottes sich nicht getäuscht hat. Schon zu seinen Lebzeiten leuchtete die Heiligkeit von Scharbel Machluf auf, seine Landsleute, Christen wie Nichtchristen, verehrten ihn und wandten sich an ihn als an einen Arzt, der Leib und Seele gesund zu machen vermochte. Und nach seinem Tod erstrahlte über seinem Grab sein Licht noch stärker: Wie viele Menschen, die sich von Gott entfernt haben oder der Verzweiflung nahe sind, werden auf ihrer Suche nach geistlichem Fortschritt noch immer von diesem Gottesmann fasziniert, wenn sie inbrünstig zu ihm beten, wo doch andere sogenannte Apostel nicht einmal eine «Kielspur» zurückgelassen hatten, wie es in der Schrift heißt (*Weish* 5, 10).

Ja, die von Scharbel Machluf praktisch geübte Heiligkeit ist von großer Bedeutung nicht nur für die Ehre Gottes, sondern für das Leben der Kirche. Sicher gibt es, wie der hl. Petrus sagt (vgl. *Röm* 12, 4–8), in dem einen mystischen Leib Christi mannigfache und unterschiedliche Gaben. Sie entsprechen den verschiedenen Aufgaben, von denen jede ihren bestimmten, unentbehrlichen Platz hat. Die Kirche braucht Bischöfe, die das Volk Gottes um sich sammeln und im Namen Christi mit Weisheit leiten. Die Kirche braucht Theologen, die die christliche Lehre wissenschaftlich erforschen, und ein Lehramt, das über die Einhaltung der Lehre wacht. Die Kirche braucht Katecheten, die Lehrer und umsichtige Glaubenserzieher sein sollen: Das ist ja das Thema der gegenwärtigen tagenden Bischofssynode. Die Kirche braucht Menschen, die sich unmittelbar für die Hilfe an ihren Brüdern und Schwestern einsetzen... Aber es muß auch Menschen geben,

die sich unter Opfern für das Heil der Welt darbieten in einer freiwillig auf sich genommenen Buße, im ständigen Fürbittgebet, wie Moses auf dem Berge, in einer leidenschaftlichen Suche nach dem Höchsten, Absoluten, womit sie bezeugen, daß sich ein Leben der Gottesanbetung und Gottesliebe lohnt. Der Lebensstil dieser Ordensleute, dieser Einsiedlermönche ist sicher kein von allen nachzuahmendes Charisma. Aber sie verkörpern, wenn auch sehr radikal, einen Geist, von dem kein gläubiger Christ sich ausschließen darf, sie haben eine Aufgabe, an der die Kirche nicht vorbeigehen darf, sie bringen uns den Weg in Erinnerung, der alle zum Heil führt.
Es sei uns abschließend noch erlaubt, das besondere Interesse hervorzuheben, das gerade heute der Berufung zum Eremiten entgegengebracht wird. Sie scheint neuen Zulauf zu erleben, der sich allein aus dem Verfall der Gesellschaft oder aus den von ihr auferlegten Zwängen nicht erklären läßt. Diese Berufung kann ja auch Formen der Anpassung annehmen, freilich immer unter der Voraussetzung, daß dieses Leben mit Diskretion und Gehorsam geführt wird. Dieses Zeugnis, das ganz etwas anderes ist als bloße Rückkehr in überholte Vergangenheit, erscheint uns wichtig für unsere Welt, aber auch für unsere Kirche.
Preisen wir den Herrn dafür, daß er uns den hl. Scharbel Machluf geschenkt hat, der durch sein Beispiel und sein Gebet die Kraft seiner Kirche neu zu stärken vermag. Möge der neue Heilige seinen wunderbaren Einfluß nicht nur auf den Libanon, sondern im Orient überhaupt und in der ganzen Kirche ausüben! Möge er als Fürsprecher für uns arme Sünder vermitteln, die wir zu selten die Erfahrung der Seligkeiten zu machen

wagen, die uns doch zur vollkommenen Freude führen könnten! Möge er Fürbitte leisten für seine Brüder im libanesischen Maronitenorden und für die ganze maronitische Kirche, deren Verdienste und Prüfungen allen bekannt sind! Möge er als Vermittler beim Herrn wirken für seine teure Heimat und mithelfen, ihre augenblicklichen Schwierigkeiten zu überwinden, die noch offenen Wunden zu verbinden und in eine hoffnungsvollere Zukunft zu gehen! Möge er diesem Land beistehen und es auf dem guten und gerechten Weg geleiten, von dem wir gleich singen werden! Möge sein Licht erstrahlen über Annaya, indem es die Menschen in Eintracht zusammenführt und Gott näher bringt, bis sie zu ewiger Beschauung gelangen! Amen.

Der Geist der Berufung zum Einsiedlerleben, der sich uns in dem neuen Heiligen offenbart, der keineswegs einer fernen Vergangenheit angehört, scheint uns bedeutsam für unsere Welt und für das Leben der Kirche. Das Leben der heutigen Gesellschaft ist oft von Übersättigung, Aufregung, von unersättlicher Sucht nach Lust und Vergnügen gekennzeichnet, Hand in Hand mit einer zunehmenden Schwäche des Willens. Er kann sein Gleichgewicht nur durch mehr Selbstbeherrschung, Enthaltsamkeit, Armut, Frieden, Einfachheit, Verinnerlichung und Stille zurückgewinnen (vgl. Ansprache an die Mönche von Monte Cassino am 24. Oktober 1964: *AAS 56* [1964], S. 987). Das Einsiedlerleben ist ihm dafür Vorbild und Vorgeschmack. Kann man denn glauben, in der Kirche ließe sich die Mittelmäßigkeit überwinden und eine echte geistliche Erneuerung verwirklichen, wenn wir nur auf unsere eigene Kraft zählen ohne den Wunsch nach persönlicher Heiligkeit, ohne die verborgenen Tugen-

den zu üben, ohne den unersetzlichen Wert und die Fruchtbarkeit von Abtötung, Demut und Gebet neu zu entdecken? Um die Welt zu retten, um sie geistig erobern zu können, muß man, wie Christus will, in der Welt leben, aber nicht sich an all das hängen, was in der Welt von Gott fernhält (vgl. Salvatore Garofalo, *Il profumo del Libano, San Charbel Makhlouf, Rom* 1977, S. 216).
Daran erinnert uns heute mit unvergleichlicher Kraft der Einsiedler von Annaya.

Gebet zum heiligen Scharbel Machluf

Das Zweite Vatikanische Konzil war ein wichtiger Markstein auf dem Weg unserer Kirche. Doch wo Gott eine Kirche baut, baut der Teufel daneben eine Kapelle. Leider wurde das Konzil von vielen als Freipass missbraucht, um im sogenannten «Geist des Konzils» eigene Wege gehen zu können.
Heiliger Scharbel Machluf, die Kirche hat dich kurz nach dem Konzil selig- und heiliggesprochen.
Soll das nicht heißen, daß du von Gott in besonderer Weise dazu berufen bist, der Kirche aus der heutigen schweren Krise herauszuhelfen?
Du verbrachtest dein Leben in vollständiger Loslösung und Einsamkeit, um Gott vor dem Tabernakel anzubeten. Anbetung und Ehrfurcht sind für uns beinahe Fremdwörter geworden. Lehre uns wieder den Sinn für das Mysterium, für Gottes Gegenwart im Sakrament und in unseren Herzen.

Du sprachst mit Gott; mit den Menschen sprachst du nur das Notwendigste. Wir hingegen mit unseren Pfarreiräten und Pastoralgremien sind zu einer schwatzenden Kirche geworden; wir zerreden alles und meinen, die Wahrheit nach Mehrheitsbeschluss zurechtbiegen zu können.
Heute steht die Image-Pflege auch in der Kirche oft an erster Stelle. Wann lernen wir wieder, dass es nicht auf den äusseren Schein ankommt, dass das Sein zählt und nicht der Schein, dass es auf die Werke ankommt, nicht auf das Make-up; Du hattest nie einen Photographen aufgesucht. Und doch wurde uns dein reines Antlitz auf unerklärliche Weise über eine Kamera geschenkt. Dein Beispiel faszinierte sogar die Mohammedaner in deinem Land, und sie kamen zu Tausenden, um an deinem Grab zu beten. Wir im dekadenten Westen hingegen sind so glaubensschwach geworden, dass wir in Gefahr sind, vom Islam überrollt zu werden. Erflehe uns die Gnade, dass wir uns des Kreuzes Christi würdig erweisen.
Heiliger Scharbel Machluf, du hast von Gott das Charisma der Wunderheilung bekommen. Wir empfehlen dir alle unsere Kranken, auch die psychisch Kranken, die Suchtkranken, die durch Drogen zugrunde gehen und jene, die an Aids leiden. Besonders empfehlen wir dir jene, die darauf brennen, für das Reich Gottes zu arbeiten, deren Dienst aber durch schwere Leiden verhindert wird.
Im Libanon, deiner Heimat, und im ganzen Vorderen Orient werden Christen schwer verfolgt. Komm doch deinen schwer bedrängten Brüdern und Schwestern durch deine mächtige Fürsprache bei Gott zu Hilfe.

Arnold Guillet

NACHWORT

Schweigender Mönch vor schwatzender Kirche

Von P. Gerhard Hermes

Unwiderruflicher Abschied, völliges Schweigen, absolute Einsamkeit, regloses Begrabensein mit Christus in Seinen Tod (*Röm* 6, 4) – das ist das Ideal der Heiligkeit, das P. Scharbel in einzigartiger Weise gelebt hat, darin liegt auch sein Zeugnis, sein unüberhörbarer Anruf an unsere Zeit, an die Kirche unserer Zeit. Es gibt keinen bekannten Heiligen, der die Einsamkeit mit Gott in einer derartigen, kein Jota auslassenden Konsequenz gelebt hätte. Möglich, daß es unter den ersten Wüstenvätern ähnliche Gestalten gab – die Nachrichten sind zu dürftig, um dessen sicher zu sein. Im allgemeinen hatten auch sie Freunde, Jünger, die ihr Wort aufnahmen und ihren Geist weitertrugen. Die meisten großen Heiligen pflegten enge, oft wunderbare Freundschaften. Teresa von Avila, die den berühmten Ausspruch prägte: «Todo es nada. Dios solo basta» (Alles ist nichts; Gott allein genügt), hatte vertrautesten Umgang mit Johannes vom Kreuz, und ihr Geist prägte ihren Orden, ihr ganzes Land. Charles de Foucauld, den man noch am ehesten an die Seite des Einsliedlers von Annaya stellen möchte, hielt auch in der Wüste Tamanrasset Verbindung mit seinen Freunden, wünschte sich sehnlichst einige Jünger, verfaßte mehrere Regeln für diejenigen, die in seine Fußstapfen treten würden. Bei P. Scharbel nichts dergleichen: Jedes Band mit der Welt ist zerschnitten, der

Verkehr mit seinen Mitbrüdern auf äußere Begegnung beschränkt, es gibt keine Predigt, keine geschriebene Zeile von seiner Hand, keine Zukunft: begraben mit Christus in Seinen Tod. Auch die Tatsache, daß er im Verband des Ordens blieb und sich nicht etwa in die völlige Einöde zurückzog, diente letzten Endes dem Vergessenwerden, dem Begrabensein: es gab auch andere, eine Anzahl von Einsiedlern, zwischen denen er ohne Aufsehen verschwand; es war die alle umfassende Regel, die eine schützende Decke über seine Demut breitete. Was tat er denn anderes, als nach der Regel zu leben, und niemals treu genug! Es bedurfte dann des sichtbaren Eingreifens Gottes, es bedurfte dieser hartnäckigen Auferstehung seines unverwesten Leibes in einer Explosion von Wundern, sonst wäre er, vielleicht der größte Heilige unserer Zeit, heute vergessen – und angerufen, namenlos, nur in der Schar «aller Heiligen».
Aber diese Gestalt steht nun in ihrer ganzen Klarheit und Härte, gemeißelt von Gottes Hand, unübersehbar und unverstellbar vor einer Kirche, die am allerwenigsten den Sinn für das heilige Schweigen und das selbstvergessene Opfer zu besitzen scheint; vor einer Kirche, die viel lieber das Image als das Innere pflegt, einer Kirche, in der die Gemeinschaft – bis hin zu den Exzessen der «Gruppendynamik» – mehr gilt als der einzelne vor Gottes Angesicht und seine unsterbliche Seele; vor einer «kommunikativen», «dialogischen», redseligen, geschwätzigen Kirche, in der man Gottes heiliges Wort ohne Ende «hinterfragt» und beutelt im Wind der Zeit, bis nur die Schalen übrigbleiben; vor einer Kirche, in der sich der opfernde Priester den Menschen zu- und von Gott abwendet und die Anbe-

tung Gottes mehr und mehr der «Verzweckung» Gottes weichen muß. Es gibt gewiß, Gott sei es gedankt, auch noch die andere Kirche, die der Betenden, Dienenden, Sühnenden, aber den Ton geben sie nicht an. An jene, die heute tonangebende Kirche, stellt der schweigende Mönch vom Libanon seine Frage, und es ist eine Frage auf Leben und Tod, geschrieben an die Wände unseres babylonischen Turms:
Wollt ihr euch endlich wieder auf das «eine Notwendige» besinnen? Wollt ihr endlich wieder die Anbetung vor die Ausbeutung stellen? Die Ehre Gottes über den Frieden der Menschen? Wollt ihr der Kontemplation wieder den Vorrang geben vor der Aktion, dem ersten Gebot vor dem zweiten, das ohne jenes sinn- und kraftlos wird? Die Frage geht nicht dahin, ob wir alle oder doch bestimmte einzelne eine derart radikale Nachfolge Christi bis in Sein Schweigen am Kreuz verwirklichen sollen wie P. Scharbel, aber vor einem läßt sie uns keine Wahl: wenn wir nicht aus allen Kräften uns bemühen, «Anbeter im Geist und in der Wahrheit» zu werden, wie sie «der Vater sucht», dann stößt uns dieser Anruf Gottes nur tiefer hinein in die Selbstzerfleischung der Menschheit.
Eine solche Wende zum echten Christentum aber verlangt, wir haben es schon oft gesagt, eine ungeheure Anstrengung und wird uns inne werden lassen, daß «unser Kampf nicht (vor allem) gegen Fleisch und Blut geht, sondern gegen die Mächte und Gewalten, gegen die Weltherrscher dieser Finsternis, die bösen Geister unter dem Himmel» (*Eph* 6, 12). In diesem Kampf werden wir immer weit hinter dem Heiligen von Annaya zurückbleiben, denn obschon auch diese Dinge in sein vollkommenes Schweigen eingegangen

sind, dürfen wir mit Sicherheit annehmen, daß P. Scharbel auf seinem einsamen Gipfel, auf diesem äußersten Vorposten der Christenheit ein furchtbares Ringen zu bestehen hatte, Kämpfe, deren Härte und Gefahren wir «normale» Christen nicht einmal zu ahnen vermögen. Andere Heilige haben uns verraten, wieviel Herzblut die liebende Hand Gottes seinen bevorzugten Kindern auszupressen vermag, daß wir bei diesem einsamen Kämpfer unerhörte Belastungen und Prüfungen voraussetzen dürfen. Und doch las man, nach dem Zeugnis des Bruders Elias Ghosn, «jederzeit auf seinem Antlitz den Widerschein der Frömmigkeit und Gottesliebe, besonders aber, wenn er betete. Dann umfloß ein himmlisches Licht seine Gestalt. Der Herr war für ihn seine Wahrheit geworden, seine Kraft, sein Licht, sein Reichtum und seine unverlierbare Freude».

Hier findet sich nochmals ausgesprochen, woher dieser einsame Kämpfer die Kraft schöpfte, in einer derart alle Maße des «Normal-Christlichen» sprengenden Weise «sich selber abzusterben»: er war wirklich, wie es sein Biograph im Buchtitel angibt, «ein Mensch, trunken von Gott». Diese heilige Trunkenheit fand ihre tägliche Nahrung und Steigerung – wie könnte es bei einem heiligen Priester anders sein! – im Opferkelch Jesu Christi. Die heilige Messe, die er jeden Tag um 11 Uhr feierte, vereinigte ihn immer inniger mit dem geliebten Herrn und Meister, führte ihn immer näher an das Kreuz von Golgotha – auf diesem Weg gab es für ihn keinen End- und Schlußpunkt. Sein ganzer Tag war Vorbereitung auf die Feier des heiligen Opfers oder dann Danksagung für die wiederum gewährte Gnade. Sein bevorzugter, man kann fast sagen, sein ständiger Platz war vor dem Tabernakel – es hätte ihn im tiefsten erschüttert, erleben zu müssen, wie der Herr im Geheimnis Seiner äußersten Liebe zu uns heute vernachlässigt, ja verachtet wird. Vor dem sakramental gegenwärtigen Herrn tauchte er ohne Unterbrechung in die Tiefen der Beschauung ein, immer tiefer in das Schweigen, in dem der Mensch vor dem unendlichen Gott zunichte wird. Wir können uns denken, wieviel gerade ihm jenes Wort aus der geliebten «Nachfolge Christi» (3, 21) zu sagen hatte: «O Jesus, Abglanz der ewigen Herrlichkeit, Trost meiner verbannten Seele, vor dir ist mein Mund ohne Stimme – es ist mein Schweigen, das zu dir redet.» Wahrlich, «solche Anbeter sucht der Vater»!

Die maronitische Liturgie*, nach der P. Scharbel die heilige Messe feierte, hebt häufiger und stärker den Gedanken des Sühnopfers hervor als die lateinische, und gerade darin wird, so könnte man sagen, der Nerv seines Lebens getroffen. Mit welchem Glauben und welcher Liebe muß er die der Konsekration folgende Anrufung gebetet haben, die um dieses Geheimnis kreist: «O ersehntes Opferlamm, das sich für uns hingibt! Gerecht machende Opfergabe, die sich selbst dem Vater darbringt! O Lamm, das der Priester seiner eigenen Hinopferung war! Möge unser Gebet, Herr Christe, durch deine Güte ein Brandopfer sein, das du dem Vater darbringst!» Wie muß ihn das Gebet während der Elevation der heiligen Gestalten ergriffen haben: «O Vater der Wahrheit, siehe da deinen Sohn,

* Die maronitische Liturgie gehört zur antiochenischen, die unter dem Namen des Apostels Jakobus, des ersten Bischofs von Jerusalem, bekannt ist. Die liturgische Sprache ist das Syrische, im wesentlichen noch die Sprache (Aramäisch), die von Jesus Christus gesprochen und bei der Einsetzung der hl. Messe benützt wurde.

das Opfer unserer Versöhnung! Nimm es gnädig an, denn er hat den Tod auf sich genommen, um mich zu entsühnen. Siehe hier die Opfergabe – nimm sie mit Wohlgefallen an aus meinen Händen und gedenke nicht der Fehler, mit denen ich deine Majestät beleidigt habe. – Siehe hier das Blut, das auf Golgotha für mein Heil vergossen wurde. Es schreit für mich empor zu dir. Im Blick auf sein Verdienst nimm mein Opfer gnädig an!»

Um das Sühnopfer der heiligen Messe kristallisiert sich das ganze Leben dieses Priesters, der sich in nie erlahmender Bereitschaft hingeopfert hat, in der Sühne für sich selbst, für den Orden, für sein Volk, für die ganze Welt. Und so erscheint es uns als eine besonders sinnreiche und liebevolle Fügung der Göttlichen Vorsehung, daß er mitten aus dem heiligen Meßopfer zu Gott heimgerufen wurde, und zwar so, daß er in einem furchtbaren Todeskampf dem Herrn am Kreuze ganz ähnlich werden durfte.

Der 16. Dezember des Jahres 1898 ist ein besonders kalter Tag in diesem strengen Winter. Der Eremit liegt seit den frühen Morgenstunden, starr vor Frost, vor dem Tabernakel auf den Knien, ungeachtet der Schwäche, die ihm seit Monaten immer mehr zu schaffen macht. In immer neuen Windstößen dringt eisige Luft durch Tür und Fenster in den nie geheizten Raum. In seinem alten, zusammengeflickten Habit zittert der Mönch an allen Gliedern. Zur gewohnten Zeit, kurz vor 11 Uhr, legt er mit Hilfe von P. Makarios die liturgischen Gewänder an und beginnt die heilige Messe, die seine letzte sein sollte. Unmittelbar vor der heiligen Wandlung bricht er zusammen; aber nach kurzem Ausruhen tritt er mit unendlicher Anstrengung, gestützt von seinem Mitbruder, nochmals an den Altar und führt die Konsekration zu Ende. Er kommt bis zu dem Gebet: «O Vater der Wahrheit...» und stürzt dann wieder auf die Fliesen, diesmal, um nicht wieder aufzustehen.

P. Makarios trägt die leichte Last in die ärmste Zelle, die diese Welt kennt, auf das Lager, das nicht weniger hart ist als das Kreuz, und liest dann die Messe zu Ende. P. Scharbel aber liegt in der Agonie, nur halb bei Bewußtsein, und doch immerzu das Gebet murmelnd: «Abo dkuchto – O Vater der Wahrheit...!» Man bettet ihn etwas besser, aber er fiebert ständig in der furchtbaren Winterkälte. An Heiligabend, ein paar Stunden vor seinem Tod noch, erweist er sich als Mann gänzlicher Entsagung, als wahrer «miles Christi»: Die Fleischbrühe, die man ihm vom Kloster heraufschickt, weist er zurück: «Es ist Advent – wir dürfen das Fasten nicht brechen!» – Gegen Abend ist sein Advent endgültig gekommen, das Fest der himmlischen Geburt ist angebrochen.

Der sinnvolle «Zufall» will es, daß im Augenblick seines Sterbens keiner seiner Mitbrüder bei ihm ist; nur der Pfarrer von Ehmej, Michel Abi-Ramia ist da und gibt ihm die letzte Lossprechung. Die Mitbrüder, die sich auf seine Meldung hin einen Weg durch den hohen Schnee zum Gipfel hinauf bahnen und den Leichnam – fürs erste – in der Kapelle der Einsiedelei betten, sind erschrocken: «Man muß es uns glauben, wir waren nicht imstande, bei der Kälte in diesem Raum auch nur für eine Minute stillzuhalten. Wie hatte es dann aber der Pater hier 25 Jahre aushalten können, auf den Knien, unbeweglich wie eine Statue!»

Der Hausobere, der in die Chronik des Klosters von Annaya das schöne Wort schrieb, daß Gott den Einsiedler «am 24. Dezember 1898 an sein gnadenreiches Herz genommen» habe, stand am gleichen Tag am Sterbebett des maronitischen Patriarchen in Bkerke, der gewiß ein wichtiger Mann war – in den Augen der Menschen.

Gott hat andere Maßstäbe. Das geheimnisvolle Licht, das Bruder Elias nächtlicherweile vom Tabernakel auf die nun in der Hauskapelle aufgebahrte sterbliche Hülle P. Scharbels niederstrahlen sah, ist inzwischen zu heller, mächtiger Flamme geworden, und wer nicht «die Finsternis lieber hat als das Licht», muß von ihrem Leuchten getroffen, von ihrer Glut erwärmt werden. Gebe Gott, daß sich sein Volk in dieser tragischen Stunde seiner erinnert und mit der ganzen Kirche – von ihm sich den Frieden vermitteln läßt, den der schweigende Mönch von Annaya im täglichen Sterben der Christenheit vorgelebt hat – exaltatus sicut cedrus Libani – aufrecht wie eine Zeder des Libanon.

P. Gerhard Hermes

Letzte Bestandesaufnahme des Libanon

Beim Druck der 4. Auflage dieses Buches bot der Libanon ein trauriges Bild: Dank des Golfkrieges erhielt Syrien von Amerika freie Hand zur Besetzung des Libanon. General Michel Aoun, der den Befreiungskrieg erklärt hatte, musste sich ergeben. In Metn wurden weitere Christen niedergemetzelt. Bilanz: 150 000 Tote, 800 000 Flüchtlinge, Tausende von Waisen und Kriegsgeschädigten, 200 000 zerstörte Häuser. Alle Infrastrukturen vernichtet. Mai 1991.